MARIA GILG

SELBSTGEMACHT!
Geschenke aus dem Garten

MARIA GILG

SELBSTGEMACHT!

Geschenke aus dem Garten

QUALITÄTS G|U GARANTIE

DIE GU-QUALITÄTS-GARANTIE

Wir möchten Ihnen mit den Informationen und Anregungen in diesem Buch das Leben erleichtern und Sie inspirieren, Neues auszuprobieren. Bei jedem unserer Produkte achten wir auf Aktualität und stellen höchste Ansprüche an Inhalt, Optik und Ausstattung. Alle Informationen werden von unseren Autoren und unserer Fachredaktion sorgfältig ausgewählt und mehrfach geprüft. Deshalb bieten wir Ihnen eine 100 %ige Qualitätsgarantie.

Darauf können Sie sich verlassen:
Wir legen Wert auf einen nachhaltigen Umgang mit der Natur im eigenen Garten. Wir garantieren, dass:

- alle Anleitungen und Tipps von Experten in der Praxis geprüft und
- durch klar verständliche Texte und Illustrationen einfach umsetzbar sind.

Wir möchten für Sie immer besser werden:
Sollten wir mit diesem Buch Ihre Erwartungen nicht erfüllen, lassen Sie es uns bitte wissen! Nehmen Sie einfach Kontakt zu unserem Leserservice auf. Sie erhalten von uns kostenlos einen Ratgeber zum gleichen oder ähnlichen Thema. Die Kontaktdaten unseres Leserservice finden Sie am Ende dieses Buches.

GRÄFE UND UNZER VERLAG
Der erste Ratgeberverlag – seit 1722.

INHALT

Vorwort 7
Aus dem Garten schenken **10**
Aus Küche und Werkstatt **12**

• 16 •
ES GRÜNT SO GRÜN
FRÜHLING

• 42 •
TRAUMZEIT IM GARTEN
SOMMER

• 72 •
WENN DIE BLÄTTER FALLEN
HERBST

• 100 •
DIE NATUR MACHT PAUSE
WINTER

Das Finish – Geschenke in Szene gesetzt **126**
Vorlagen 134
Übersicht über alle Geschenkideen 138
Register 141
Adressen und Bezugsquellen 142
Impressum 144

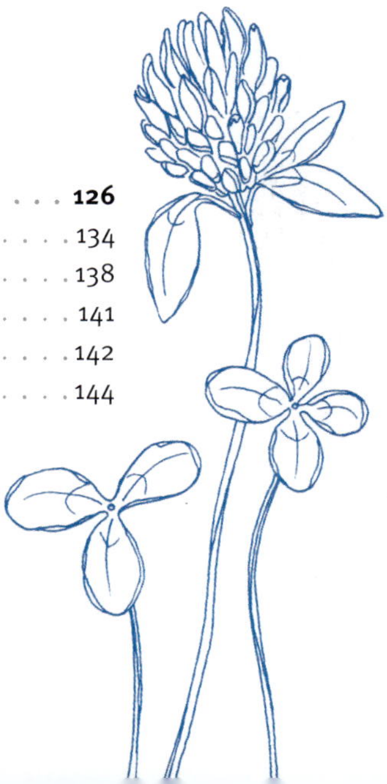

PRING
WITH LOVE
LIMONAD
MIT FRUCHTGESCH
PETER HU
ygay

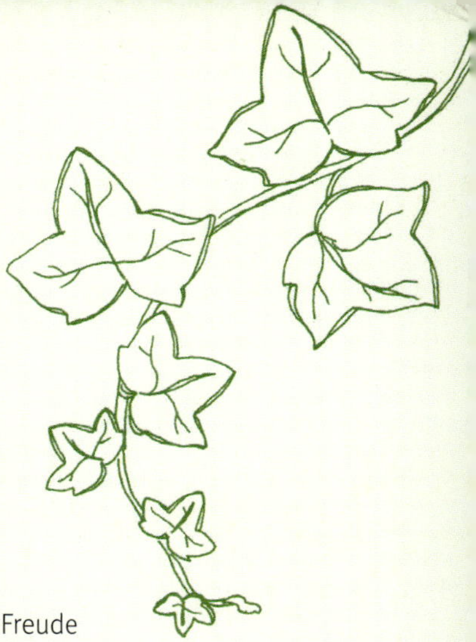

VORWORT

Schenken macht glücklich! Das wissen wir alle. Doch noch viel mehr Freude hat man, wenn man die Geschenke selbst herstellt und dafür Beeren, Obst, Gemüse, Kräuter und Blumen aus dem eigenen Garten liebevoll verarbeitet.

Kleine Köstlichkeiten aus der Küche oder kreative Blumen- und Bastelarbeiten sehen nicht nur wunderschön aus oder schmecken superlecker. Sie sind eine ganz persönliche Geste und zeigen besondere Wertschätzung – für die Nachbarin, die während des Urlaubs Wohnung und Katze versorgt hat, für die Lieblingskollegin zum Geburtstag oder für Freunde, die einen mal wieder mit einem wundervollen Essen verwöhnen.

Vergessen Sie aber nicht, sich auch selbst zu beschenken! Ich bereite meist eine größere Menge von begehrten Köstlichkeiten zu und verwöhne mich so samt meiner Familie. Gleichzeitig stelle ich damit sicher, dass zum Verschenken auch noch etwas übrig bleibt. Denn Johannisbeer-Muffins, fruchtige Schnecken, süße Nüsse und Co. sind so verführerische Köstlichkeiten, dass nicht nur die Kinder immer wieder gerne »probieren«.

Viele Vorschläge in diesem Buch können Sie auch gut für den Vorrat herstellen. So sind Sie jederzeit für ein spontanes Geschenk gerüstet – mit einer fruchtigen Marmelade, einem feinen Essig, einer anregenden Teemischung oder belebenden Badeblüten.

Ich wünsche Ihnen viel Spaß beim Kochen, Basteln, Einpacken und Verschenken!

Maria Gilg

Aus dem Garten schenken

Im Garten ist jede Jahreszeit mit ganz besonderen Früchten, Gemüsen und Blüten verbunden. Wenn Sie im Blick haben, was wann grünt und blüht, können Sie sich schon darauf freuen und Familie, Freunde und sich selbst mit den schönsten selbstgemachten Kreationen verwöhnen.

DER START IN DIE SAISON

Endlich ist es so weit! Sehnsüchtig haben wir das erste frische Grün erwartet, das jetzt überall aus dem Boden sprießt. Verwöhnen Sie Ihre Sinne mit Frühlingsblühern und verschenken Sie Sträuße mit duftenden Hyazinthen und bunten Tulpen oder Töpfe mit zarten Veilchen.
Das erste Grün ist nicht nur eine Augenweide, es steckt auch voller Vitamine und Mineralstoffe und vertreibt den langen Winter aus unseren Gliedern. Sammeln Sie aromatische Bärlauchblätter und bringen Sie damit Schwung in die Küche. Der Höhepunkt im Frühjahr sind verführerisch leuchtende Erdbeeren und fruchtig-säuerlicher Rhabarber – zaubern Sie damit leckere Kuchen und Sirupe. Wenn Sie dann noch ab und zu beim Kochen Zwiebelschalen zur Seite legen, sind Sie auch schon fürs österliche Eierfärben gerüstet. Eine große Anzahl eher unscheinbarer Gewächse hat es ebenfalls in sich: Gänseblümchen, Brennnesseln, Himbeer- und Frauenmantelblätter haben bereits reichlich Sonne getankt. Trocknen Sie sie und kreieren Sie daraus eine aromatische Teemischung, die für gute Laune sorgt.

SOMMER, SONNE, ERNTEZEIT

Wenn die Natur in voller Fahrt ist, sind die kreativen Möglichkeiten fast grenzenlos. Für mich beginnt der Sommer mit den prachtvollen Rosen. Die duftenden Blütenblätter können Sie trocknen und zu Rosenzucker verarbeiten, mit dem Sie feine Trüffel umhüllen – luxuriöse Geschenke für gute Freunde. Oder Sie geben mit dem feinen Zucker Desserts eine überraschende Note.
Der Start in die warme Jahreszeit ist die Gelegenheit, um Gartenliebhabern und Balkongärtnern etwas Gutes zu tun. Pflanzen Sie junge Tomatenpflanzen in Tontöpfe, das ist nicht nur ein hübsches, sondern gleichzeitig auch ein nützliches Mitbringsel für Menschen mit grünem Daumen. Ein weiteres Highlight im Sommer ist die verschwenderische Fülle an Kirschen, Beeren, Aprikosen & Co., aus denen Sie Muffins, Liköre, Essige und, und, und herstellen können. Denken Sie in diesen herrlichen Wochen auch daran, einige der strahlenden Sommerblumen für den Winter haltbar zu machen: Pressen Sie Rittersporn, Margeriten, Phlox, Tagetes und Co. zu einem exklusiven Blüten-Memory.

Und falls Sie Lavendel auf dem Balkon oder im Garten haben, konservieren Sie den unvergleichlichen Duft für die kalte Jahreszeit: Schneiden Sie die Blütenstiele, bevor die ersten Blüten aufgehen, und trocknen Sie sie zu Sträußchen gebunden kopfüber an einem luftigen Ort. Damit Sie auch im nächsten Jahr wieder nach Herzenslust aussäen können, lassen Sie ein paar Ihrer Lieblingssommerblumen nach der Blüte stehen und ernten Sie die trockenen Samen.

EIN FULMINANTES FINALE

Die Natur läuft noch mal zur Höchstform auf, bevor sie sich in die Winterpause verabschiedet. Halten Sie jetzt Ausschau nach Hagebutten. Sie sind ein schöner Schmuck in der Vase und eine hübsche Deko für Geschenke. Zahlreiche Früchte und Gemüse können für den Winter haltbar gemacht werden: Verarbeiten Sie Quitten zu einem fruchtigen Senf oder rücken Sie nach den ersten Frösten (mit Handschuhen bewaffnet!) dem Sanddorn auf den Leib und bereiten Sie aus den Früchten vitaminhaltige Bonbons für die erste Erkältungswelle zu.
Ich bin ein großer Fan von Zwetschgenmus – es schmeckt lecker auf dem Frühstücksbrot und ist bei Groß und Klein ein begehrtes Topping für Milchreis oder Grießbrei. Vielleicht knabbern Sie ja gerne getrocknete Apfelringe? Trocknen Sie sie doch mal selbst und gleich auch noch Apfelschalen als fruchtige Zutat für Teemischungen.
Zu den imposantesten Erscheinungen im Herbst gehören Kürbisse. Aus den Giganten lassen sich nicht nur Suppen, Chutneys und Halloween-Monster, sondern auch wunderbar saftige Kuchen herstellen. Ernten Sie die beeindruckenden Kolosse vor dem ersten Frost und lagern Sie sie an einem kühlen Ort. So können Sie monatelang leckere Kreationen daraus zaubern.
Was gibt es Schöneres, als die letzten Sonnenstrahlen und die bunte Herbstwelt bei einem Spaziergang durch Wald und Flur zu genießen? Sammeln Sie dabei hübsche Blätter, sie sind ein willkommener Vorrat für allerlei winterliche Deko.

SCHÄTZE AUS DEM VORRAT

Im Garten gibt es im Winter nur noch wenig zu tun. Sind die empfindlichen Pflanzen versorgt und die letzten Hasel- und Walnüsse vor Eichhörnchen, Elstern und Krähen gerettet, kehrt allmählich Ruhe ein. Bevor anhaltende Schneefälle zu erwarten sind, die alles mit einer dicken weißen Schicht bedecken, schneide ich noch mal Efeu, Misteln und Lärchenzweige – sie bleiben im Freien wochenlang frisch und grün. Auch immergrüne Koniferen lassen sich gefroren »ernten« und sorgen für frische Akzente in winterlichen Arrangements. Außerdem haben wir ja Vorräte, aus denen sich jede Menge Feines und Dekoratives für die kalte Jahreszeit kreieren lässt. Setzen Sie zum Beispiel als Nikolaus- oder Weihnachtsgeschenk einen ganz besonderen Likör mit Bratäpfeln an, überziehen Sie Nüsse mit einer feinen Karamell- oder einer feurigen Wasabischicht oder stellen Sie Trüffelpralinen mit sahniger Maronenfüllung her. Und Ihre Familie freut sich garantiert über einen Türkranz aus Eibenzweigen, so wie Ihre beste Freundin über ein Massageöl aus belebenden Zutaten.

Aus Küche und Werkstatt

Ob fruchtige Marmeladen, feine Kuchen, duftende Seifen, stilvolle Sträuße, ungewöhnliche Kränze oder ganz besondere Windlichter – im Garten gibt es immer Ausgangsmaterial für individuelle Geschenke. Was Sie dafür brauchen und worauf Sie achten sollten, erfahren Sie auf diesen Seiten.

Das Schöne an Selbstgemachtem aus dem Garten ist, dass die übliche Küchen- und Bastelausstattung für die meisten Rezepte und Anleitungen völlig ausreichend ist. Wenn Sie dann noch das ganze Jahr über Ausschau nach hübschen Flaschen, Gläsern, Bändern und Papieren halten, sind Sie für alle Fälle gerüstet.

GESCHENKE AUS DER KÜCHE

Die kulinarischen Leckereien in diesem Buch können Sie alle ohne aufwendige Küchenausrüstung zubereiten. Mehr als ein kleiner Einkauf im Supermarkt ist nicht nötig, und Sie können auch schon loslegen.

Schneiden, Kochen, Abfüllen

Messer, Schneidebretter und Töpfe in verschiedenen Größen sind in jeder Küche vorhanden. Auch ein Schöpflöffel lässt sich in der Regel finden. Ideal ist noch ein breiter Einfülltrichter aus Edelstahl. Er verhindert, dass man beim Abfüllen von Flüssigkeiten und Marmeladen allzu sehr kleckert und die kostbaren Erzeugnisse einfach vergeudet. Mit diesen wenigen Utensilien sind Sie für jegliche Marmeladen-, Saft- und Chutneyproduktion gut gerüstet!

Rühren und Backen

Wenn Sie gerne backen, gehören Handrührgerät, Rührschüssel und Teigschaber natürlich zu Ihren Basics. Ob Sie eine schicke bunte Backform aus Silikon verwenden oder die altgediente, emaillierte Gugelhupfform von der Oma – dem Ergebnis sieht man das nicht an. Erntefrische Zutaten sind das Allerwichtigste.

Pralinen & Co.

Vielleicht haben Sie beim Durchblättern des Buchs ja Lust bekommen, feine Pralinen mal selber zu machen. Hier ist man im Vorteil, wenn man spezielle Pralinengabeln, Abtropfgitter und Förmchen einsetzen kann. Dieses Handwerkszeug für die Pralinenherstellung wird oft günstig in Komplettsets angeboten.

Gläser und Flaschen

Gläser für Marmelade oder zum Aufbewahren von Müsli und Keksen gibt es in den unterschiedlichsten Formen und Größen. Sie können sie natürlich in Haushaltswarengeschäften kaufen. Aber noch viel mehr Spaß macht es, das ganze Jahr über Ausschau nach hübschen Gefäßen zu halten. Vielleicht haben Sie aus dem Urlaub eingemachte Köstlichkeiten in ungewöhnlichen Gläsern mitgebracht oder die Kollegin hat eine interessante Marmelade im Bürokühlschrank ...
Wer es nostalgisch liebt, wird vielleicht in Großmutters Keller oder auf dem Flohmarkt fündig: Gefäße mit Glasdeckeln und Weckgummis sind besonders dekorativ. Falls Sie jedoch sowieso vorhaben, die Gläser mit Deckelhauben aus Papier oder Stoff zu verschönern, sind einfache

Schraubgläser völlig ausreichend und zudem praktischer. Flaschen mit Korken sind sehr dekorativ, doch prüfen Sie die Verschlüsse kritisch auf Schimmel und Verfärbungen oder unangenehme Gerüche. Hier gilt: Im Zweifel lieber austauschen, es wäre schade, wenn der feine Inhalt später darunter leidet. Flaschenverschlüsse aus Keramik haben zum Abdichten einen kleinen Gummiring. Diesen bitte unbedingt erneuern. Gummiringe, Weckgummis und Korken finden Sie in gut sortierten Haushaltswarengeschäften.

Gläser und Flaschen vorbereiten

Das A und O für die lange Haltbarkeit von Marmeladen, Chutneys & Co. sind absolut saubere Gefäße. Deshalb sterilisiere ich alle Gläser und Flaschen, bevor ich Marmeladen, Chutneys oder Essig einfülle. So kann ich sicher sein, dass meine Geschenke wirklich lange Freude machen. Und so geht das Sterilisieren: Bringen Sie in einem großen Topf reichlich Wasser zum Kochen. Prüfen Sie die sauber gespülten Gläser – falls sie Sprünge, Absplitterungen oder Haarrisse aufweisen, sortieren Sie sie aus. Legen Sie Gläser, Deckel und Weckgummis ins Wasser (sie sollten vollständig bedeckt sein) und lassen Sie sie ca. 10 Min. köcheln. Heben Sie dann die Gläser und Deckel vorsichtig, am besten mit einer Zange, aus dem Wasser. Stellen Sie sie zum Abtropfen kopfüber auf ein sauberes Küchentuch.
Wenn die Marmelade oder das Chutney fertig gekocht ist, füllen Sie die fruchtige Köstlichkeit so heiß wie möglich mithilfe eines Trichters und einer Schöpfkelle bis 1 cm unter den Rand in die Gläser. Falls doch mal was danebengeht, wischen Sie die Ränder mit einem sauberen Küchentuch ab. Verschließen Sie die Gläser sofort.

PFLEGENDE GESCHENKE

Auch für die Herstellung von Pflegeprodukten, wie Badezusätzen, Cremes und Ölen, reicht die übliche Küchenausstattung aus. Ein Sieb und ein Baumwolltuch sind beispielsweise alles, was Sie brauchen, um in die Salbenproduktion einzusteigen. Mini-Backformen, am besten aus Silikon, sind ideal, um Badeblüten zu formen. Wer keine passenden Förmchen hat, füllt zwei Eierbecher randvoll mit der pflegenden Masse und drückt sie gegeneinander – fertig sind die Badekugeln.
Zur Aufbewahrung von flüssigen und cremigen Substanzen wie Cremes, Massageöl und Badezusätzen eignen sich kleine Tiegel und Gefäße aus dunklem Glas oder Kunststoff. Sammeln Sie sie von Kosmetika oder fragen Sie in der Apotheke nach getönten Behältnissen.

FLORISTISCHE GESCHENKE

Wenn Blumen, Zweige und Äste für die Anleitungen in diesem Buch geerntet werden, kommen die Handwerkszeuge zum Einsatz, die jeder Gartenbesitzer sowieso in seinem Fundus hat. Was dann noch fehlt, um die Ausbeute »salonfähig« zu machen, haben Sie entweder in Ihrer Bastel- bzw. Küchenschublade, oder Sie können es günstig besorgen.

Schneiden, Sägen und Knippen

Das Allerwichtigste ist ein kleines, scharfes Messer, mit dem man Blumen und Schnittgrün schneiden, aber auch Stängel kürzen kann. An zweiter Stelle steht eine stabile, handliche Rosenschere – unverzichtbar, um Rosen und kleine Zweige zu schneiden. Wenn Sie dickeren Zweigen und Ästen zu Leibe rücken wollen, ist eine Astsäge empfehlenswert. Für das Fixieren von Naturmaterialien wird häufig Draht verwendet. Ein Seitenschneider ist das richtige Werkzeug, um ihn auf die gewünschte Länge zu bringen.

Wickeln und Fixieren

Hübsche Blumen kann man natürlich einfach in eine Vase stellen. Noch schöner aber wirken sie, wenn sie effektvoll zusammengestellt werden. Damit die Arrangements Bestand haben, binden Sie die Stiele mit Naturbast zusammen. Naturbast hat den Vorteil, dass er kompostiert werden kann. Sie können die Blumen aber auch in einem Steckschwamm fixieren. Diesen können Sie als einzelne Ziegel kaufen und müssen ihn nur noch wässern, bevor Sie ihn verwenden. Wie das geht, erfahren Sie im Tipp auf Seite 46.

Mit dem grün lackierten Wickeldraht fixieren Sie Zweige, und den dünnen Myrtendraht nehmen Sie zum Befestigen von feinen Stängeln und zarten Blüten.

Die Grundlage für Kränze

Ein zarter Tischkranz oder ein weihnachtlicher Türkranz – sie alle brauchen eine stabile Basis, eine Kranzunterlage. Dafür eignen sich Strohreifen (für dicke und üppige Kränze) und gewellte Metallringe (für Blütenkränze), die es alle in unterschiedlichen Größen gibt. Sie können aber auch eigene Formen kreieren. Biegen Sie dafür starken, blau geglühten Steckdraht in die gewünschte Form (z. B. in eine Herzform) und umwickeln Sie ihn mit grünem Floristentape. Es stabilisiert das Drahtgerüst, und die Stängel lassen sich auf der rauen Oberfläche besser fixieren. Floristentape ist selbstklebend, kompostierbar und in jedem Baumarkt erhältlich.

DIE BASTEL-BASICS

Eine ungewöhnliche Verpackung, eine liebevoll gestaltete Karte oder ein kreativer Anhänger – diese Kleinigkeiten sind das i-Tüpfelchen eines jeden Geschenks. Keine Sorge, das ist kein großer Aufwand: Mehr als Papier, Lineal, Stifte, Büroklammern oder Stecknadeln und Klebstoff brauchen Sie für die meisten Anleitungen in diesem Buch nicht.

Schneiden

Mit zwei verschiedenen Scheren sind Sie schon mal gut gerüstet: eine zum Papier-, die andere zum Stoffschneiden. Achten Sie darauf, dass Sie die Papierschere nicht für Stoffe verwenden und umgekehrt, das macht die Scheren stumpf. Für ganz feine Schneidearbeiten eignet sich ein Skalpell oder Cuttermesser. Die Nagelschere tut's auch mal, wenn es schnell gehen muss. Für dicken Karton leistet ein Teppichmesser gute Dienste (denken Sie dabei an eine stabile Unterlage, damit Tisch oder Boden nicht in Mitleidenschaft gezogen werden!). Einen ganz besonderen Dekoeffekt erreichen Sie mit Motivscheren – im Nu geben Sie mit einem gezackten oder geschwungenen Umriss einer Karte oder einem Anhänger eine besondere Note.

Kleben

Klebstoffe sind Spezialisten: Je nach Material verwende ich deshalb einen ganz bestimmten Kleber. Papier und dünne Pappe hält mit einfachem Alleskleber zusammen. Für sehr empfindliche Dekorationen, etwa gepresste Blüten oder Blätter, eignen sich Klebestifte oder Sprühkleber. Auch Tapetenkleister leistet gute Dienste, etwa um Papier aufzukleben (z. B. großflächig als Überzug für Kartons und kleine Schnipsel als Papiermaschee für besondere Formen). Rühren Sie in einem Schraubglas nach Packungsangabe gleich eine größere Portion an und bewahren Sie den Kleister luftdicht verschlossen auf. So haben Sie ihn schnell zur Hand, wenn Sie eine kleine Menge benötigen. Berücksichtigen Sie bei Ihren Klebearbeiten jedoch, dass Kleister langsam trocknet. Für das stabile Befestigen von größeren Teilen, etwa Früchten auf einem Kranz, ist eine Heißklebepistole das richtige Gerät.

Einpacken

Sammeln Sie das ganze Jahr über Stoffe, Garne, Bänder und Schnüre. So können Sie aus dem Vollen schöpfen und Ihrer Kreativität freien Lauf lassen. Auch bei Papier gilt: Verarbeiten lässt sich einfach alles. Ob alte Karten, Rezeptbücher der Oma oder Zeichnungen aus alten Pflanzen- oder Tierbüchern (die sind zwar zu schade zum Zerschneiden, aber man kann einzelne Seiten ja auch kopieren), Atlanten, Kalender, Zeitschriften, Zeitungen aus fernen Ländern – schön ist, was gefällt! Natürlich finden Sie auch im Handel jede Menge Inspirationen: Papiere in allen möglichen Variationen, Tortenspitzen, Butterbrotpapier, Backpapier und, und, und. Die Möglichkeiten sind fast unerschöpflich. Äußerst nützlich und vielseitig einsetzbar sind bunte Masking-Tapes in verschiedenen Mustern und Breiten. Die selbstklebenden Reispapierbänder von der Rolle sind preiswert und zum Befestigen und schnellen Dekorieren einfach der Hit!
Ich nehme gerne Popcorn-Tüten vom Kinobesuch mit. Sie eignen sich perfekt als Geschenktüten und sind wunderbar nostalgisch! Für etwas größere Geschenke eignen sich auch braune Biomüllbeutel aus stabilem Papier. Ich peppe sie meist mit einem rustikalen Band oder einer bunten Schnur farblich auf.

Schreiben

Von bunt und fröhlich mit Filzstiften, Buntstiften und Gelstiften bis zu klassisch mit Tinte oder gar Tusche und Feder – zum Beschriften von Etiketten, Anhängern und Karten gibt es ein riesiges Angebot. Auch Kreide oder weiße Holzfarbstifte auf dunkler Pappe oder Schiefer machen sich gut. Mit der Hand schreiben ist nicht Ihres? Im Handel gibt es Buchstabenstempelsets, mit denen Sie Ihre Geschenke in beliebigen Farben beschriften können. Oder Sie schreiben mit dem Computer, drucken den Text auf weißem oder buntem Papier aus und schneiden ihn aus. Ebenfalls interessant sind geklebte Collagen aus Buchstaben und Wörtern, die Sie aus Zeitungen oder Zeitschriften ausgeschnitten haben.

ES GRÜNT SO GRÜN

Frühling

Bunter Frühlingsstrauß

MATERIAL: 3 weiße Hyazinthen • 5 violette Tulpen • 5 verzweigte zartrosa Tulpen • 2 Stiele Schneeball • 4–5 Stiele purpurfarbener Flieder • nach Belieben: Christrose, Schachbrettblumen, Ginster, Birkenzweige, Apfelzweige • Bindebast • scharfes Messer • Schere

Legen Sie die Schnittblumen auf der Arbeitsfläche aus. Falls der Schneeball stark verzweigt ist, teilen Sie ihn. Schneiden Sie alle Stiele schräg an. Nehmen Sie nun eine Hyazinthe und eine Tulpe so in die Hand, dass sich die Stiele etwa in der Mitte überkreuzen. Ordnen Sie nach und nach alle anderen Blüten und Zweige abwechselnd dazu. Legen Sie die Stiele dabei jeweils parallel neben den vorherigen, schräg angelegten Stiel, sodass eine Spirale entsteht. Achten Sie dabei darauf, dass die Blütenköpfe eine leichte Bogenform bilden, also nach außen hin etwas niedriger angeordnet sind.

Ist der Strauß fertig arrangiert, schneiden Sie die Stiele mit dem Messer schräg auf eine Länge ab. Als Faustformel gilt für das Längenverhältnis Strauß und Stiele: 2 Teile Strauß, 1 Teil Stiele. Binden Sie den Strauß mit Bast an der schmalsten Stelle der Spirale zusammen. So können die Stiele nicht verrutschen und die Form des Straußes bleibt erhalten. Schneiden Sie den überstehenden Bast ab und stellen Sie den Strauß bis zum Verschenken in reichlich Wasser. Übrigens: Einen schönen Strauß kann man gut ohne zusätzliche Verpackung verschenken!

SO BLEIBEN SCHNITTBLUMEN LANGE FRISCH

Ernten Sie Blumen idealerweise frühmorgens. Falls das nicht möglich ist, achten Sie darauf, dass sie nicht gerade in praller Sonne stehen. Befreien Sie die Stängel im unteren Drittel von Blättern und Dornen. Alle Pflanzenteile, die später im Wasser sind, verfaulen und lassen die Blumen schneller welken. Die Blumen sollten nach der Ernte sofort ins Wasser. Doch vorher werden sie mit einem langen, ziehenden Schnitt angeschnitten, damit sie genügend Wasser aufnehmen können. Verholzte Zweige schneidet man mit der Rosenschere kreuzweise ein und stellt sie bis zum Verarbeiten in lauwarmes Wasser.

G
E

Gesichts-Kräuter-Peeling

ZUTATEN: 2 EL getrocknete Salbeiblätter · 2 EL getrocknete Minze · 2 EL getrocknete Schafgarbe · 6 EL Tonerde · 4 EL Schmelzflocken

…

MATERIAL: Gewürzmühle · Tonpapier in 3 Farben · Papier · Buchstabenstempel · Stempelfarbe · Butterbrotpapier · Bast · Alleskleber · Wäscheklammern · Schere

Die getrockneten Kräuter mit einer Gewürzmühle sehr fein mahlen und mit Tonerde und Schmelzflocken mischen.

Zum Verschenken aus den drei verschiedenfarbigen Tonpapieren insgesamt 7 Quadrate à 21 × 21 cm ausschneiden. Wickeln Sie die Quadrate jeweils über einer Ecke so auf, dass Spitztüten entstehen. Kleben Sie die Kanten mit Alleskleber zusammen und fixieren Sie sie mit Wäscheklammern.

Schneiden Sie die Buchstaben von »PEELING« aus Zeitschriften aus oder stempeln Sie sie auf weißes Papier. Kleben Sie die Buchstaben mit etwas Abstand auf weißes Papier und schneiden Sie sie als 2 – 3 cm große Rechtecke aus.

Schneiden Sie aus den drei Tonpapieren insgesamt 7 Kreise mit 3 – 4 cm Ø aus und kleben Sie jeweils 1 Buchstaben mit Klebestift auf einen Tonpapierkreis. Dann die Buchstabenkreise auf die Vorderseiten der Spitztüten kleben.

Anschließend schneiden Sie aus Butterbrotpapier 7 Kreise à ca. 17 cm Ø aus. Geben Sie auf jeden Kreis 2 gehäufte TL Peeling-Mischung. Schlagen Sie die Papierkreise über der Mischung zusammen und binden Sie sie mit Bast zu. Setzen Sie jeweils 1 Säckchen in eine Spitztüte.

Nach Belieben schreiben Sie noch eine Anwendungsanleitung dazu: 1 – 2 gehäufte TL Peeling mit etwas warmem Wasser anrühren. Die Masse mit den Fingern ein paar Minuten in das Gesicht massieren. Mit lauwarmem Wasser abspülen.

Osternest aus Reisig und Moos

MATERIAL
biegsame, feine Zweige (Reisig; siehe Tipp) · Moos · bunte Ostereier (→ Seite 31) · evtl. Wachteleier und Federn · Glockenblume im Topf · 1 Flasche Sirup (z. B. Rhabarbersirup → Seite 26) · Myrtendraht · Drahtschere · Rosenschere

Richten Sie sich Ihren Arbeitsplatz am besten im Freien ein. Nehmen Sie ein paar lange Zweige, verdrehen Sie diese mehrere Male umeinander und biegen Sie sie zu einem Ring mit 20 – 25 cm Ø. Fixieren Sie den Ring mit Myrtendraht – das ist die Basis für das Nest.

Winden Sie nach und nach einen stabilen, dicken Kranz, indem Sie jeweils die dicken Zweigenden anfangs in den Ring, später in den Kranz einklemmen und die Zweige durch die Lücken fädeln. Die dünnen Enden wiederum in dem Kranz verstecken. Je mehr Zweige man eingearbeitet hat, desto einfacher geht es.

Hat der Kranz die gewünschte Größe erreicht, fehlt nur noch der Boden des Nests. Dafür die Zweige mit den dicken Enden unten im Kranz verstecken. Die Zweige durch die gegenüberliegende Seite des Kranzes und wieder zurück fädeln. Anfangs ist das eine ziemlich löchrige Angelegenheit, doch nach und nach schließt sich der Nestboden. Falls nötig, fixieren Sie die Zweige gelegentlich mit Myrtendraht, um das Nest stabil zu machen.

Polstern Sie das Nest mit Moos aus. Füllen Sie es jetzt nach Belieben mit bunten Ostereiern oder auch mit Wachteleiern, Federn, die Sie beim Spaziergang in der Frühlingssonne gesammelt haben, oder auch mit einer kleinen Flasche Rhabarbersirup und einer Glockenblume im Topf. Lassen Sie Ihrer Fantasie freien Lauf!

NICHT NUR FÜR OSTERN

Nester können Sie aus verschiedensten biegsamen Zweigen herstellen. Gut geeignet sind Birke, Trauerweide, Hartriegel oder Korkenzieherhaselnuss. Schneiden Sie ausreichend Zweige, denn meistens unterschätzt man die Menge, die so ein Nest »verschlingt«. Hat das Nest nach Ostern seinen Zweck als Eierablage erfüllt, können Sie es im Sommer mit bunten Blumen und im Herbst mit verschiedenen Zierkürbissen füllen.

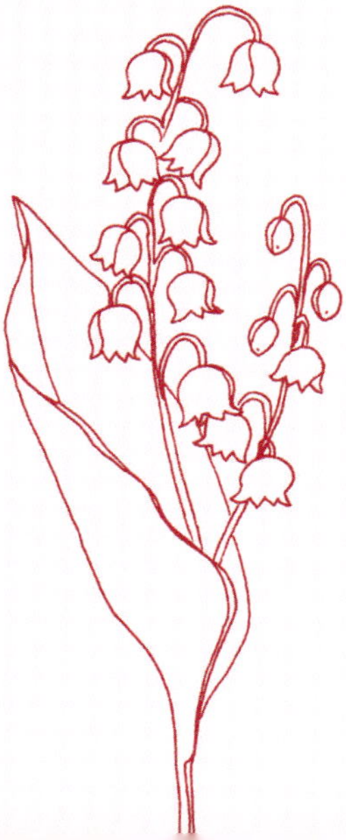

Oster-Kräuterkekse mit Dip

Für ca. 25 – 30 Kekse, Haltbarkeit: ca. 1 – 2 Wochen (luftdicht verpackt)

ZUTATEN: 300 g Mehl (+ Mehl zum Arbeiten) · 50 g geriebener Parmesan · 1 EL gehackte gemischte Kräuter (z. B. Petersilie, Schnittlauch, Kerbel) · Salz · Pfeffer · 125 g kalte Butter · 2 Eier (Größe M) · 2 – 3 in Öl eingelegte getrocknete Tomaten · 100 g Ziegenfrischkäse · 50 g saure Sahne

...

MATERIAL: Hasen-Ausstechform (ca. 15 cm hoch) · Nudelholz · Frischhaltefolie · Backpapier · Weck- oder Schraubglas (ca. 150 ml) · 2 Kästchen Kresse · handgeschöpftes weißes Papier · blauer Bast · Zellophantüte · kleiner Korb · Lineal · Bleistift · Schere

Für die Kekse Mehl, Parmesan, Kräuter, ½ TL Salz und Pfeffer auf der Arbeitsfläche mischen. Die Butter in Stücken dazugeben und mit der Teigkarte kräftig hacken. Die Eier hinzufügen und alles mit den Händen rasch zu einem glatten Teig kneten. Den Teig in Frischhaltefolie gewickelt mindestens 1 Std. kühl stellen.

Für den Dip die Tomaten klein würfeln. Frischkäse mit saurer Sahne glatt rühren, salzen, pfeffern und die Tomaten untermischen. Den Dip in ein Glas füllen und kühl stellen.

Den Backofen auf 175° (Ober- und Unterhitze) vorheizen. Den Teig auf der mit Mehl bestäubten Arbeitsfläche ca. ½ cm dick ausrollen und Hasen ausstechen. Die Plätzchen auf ein mit Backpapier belegtes Backblech geben und im Ofen (Mitte) in ca. 10 Min. goldbraun backen.

Skizzieren Sie auf dem Papier ein ca. 32 × 24 cm großes Rechteck und reißen Sie es mithilfe eines Lineals aus. Entfernen Sie die Papiermanschetten von der Kresse und stellen Sie die beiden Kästchen mittig darauf. Schneiden Sie die kurzen Seiten des Papiers ein. Klappen Sie alle Seiten nach oben und stecken Sie die überstehenden Teile nach innen. Binden Sie das Papier mit Bast an die Kressewiese. Stellen Sie 2 Hasenkekse in die Kresse und verschenken Sie sie mit dem Dip. Die übrigen Hasenkekse verpacken Sie in Zellophantüten und legen sie in einem Körbchen dazu.

Feinfruchtiger Rhabarbersirup

Für 4 Flaschen à 200 ml, Haltbarkeit: ca. 10 Monate (ungeöffnet)

ZUTATEN
1,5 kg Rhabarber · 2 Limetten · 1 Vanilleschote · 400 g Zucker

...

MATERIAL
4 Flaschen (à 200 ml) · helles Tonpapier · Motivpapier oder Kopie aus einem Tier- oder Gartenbuch · strukturiertes Papier · rosa Krepppapier · Bast · feines Sieb · evtl. Passiertuch · Trichter · Schere · Klebestift · Alleskleber

Den Rhabarber waschen, putzen und ungeschält in 2 – 3 cm große Stücke schneiden. Den Rhabarber mit 1 l Wasser in einen Topf geben und bei schwacher Hitze in ca. 45 Min. musartig zerkochen.

Die Flaschen und die Deckel in einem großen Topf mit kochendem Wasser sterilisieren (→ Seite 13).

Das Rhabarbermus durch ein feines Sieb in einen zweiten Topf gießen. Nach Belieben legen Sie das Sieb vorher mit einem feuchten Passiertuch aus – so erhalten Sie einen ganz klaren Saft.

Den Saft der Limetten auspressen. Die Vanilleschote längs halbieren. Den Rhabarbersaft mit Zucker, Limettensaft und Vanilleschote so lange köcheln, bis sich der Zucker aufgelöst hat. Den Rhabarbersirup mithilfe eines Trichters in die Flaschen füllen und diese sofort verschließen.

Schneiden Sie aus Tonpapier ein ca. 7 cm hohes Etikett aus, das um die ganze Flasche reicht. Schneiden Sie aus Motivpapier oder einer Farbkopie ein hübsches Naturmotiv (z. B. einen Vogel oder eine Blüte) in der Größe von ca. 5 × 8 cm aus. Kleben Sie das Motiv mit Klebestift mittig auf das Etikett und das Etikett auf die Flasche.

Schneiden Sie nun aus strukturiertem Papier 10 kleine Dreiecke zu (ca. 1 × 2 cm). Kleben Sie das erste Dreieck auf das Etikett und weitere 7 Dreiecke wie eine Girlande an den oberen Rand des Bildmotivs. Schneiden Sie für die Deckelhaube aus Krepppapier einen Kreis mit ca. 10 cm Ø. Binden Sie das Papier mit Bast an die Flasche. Kleben Sie mit Alleskleber die Bastenden mit den restlichen beiden Dreiecken an die Flasche.

IM NU GEMIXT

Aus Rhabarbersirup, perlendem Mineralwasser und Eiswürfeln können Sie ganz schnell eine frühlingsfrische Limonade mischen. Oder Sie gießen den Sirup mal mit Prosecco oder Sekt auf – fertig ist ein feinfruchtiger Cocktail!

Garten-Starter-Kit

MATERIAL: 1 kleine Obstkiste aus Holz · Eisstiele aus Holz · grüne Dispersionsfarbe · (selbst geerntete) Pflanzensamen · Kopien mit Pflanzenzeichnungen aus alten Gartenbüchern · farbiges Transparentpapier · Aussaaterde · kompostierbare Pflanztöpfe · Obsttüte aus braunem Papier · kleine Jungpflanzen (Kräuter, einjährige Blumen) · Pflanzschaufel · Nähmaschine · bunter Faden · große Gummibänder · Pinsel · Zeitungspapier

Richten Sie Ihren Arbeitsplatz am besten im Freien ein und legen Sie den Tisch mit Zeitungspapier aus. Streichen Sie die Obstkiste mit Dispersionsfarbe und lassen Sie sie trocknen. Streichen Sie auch die Eisstiele mit der Farbe ein – sie dienen als Pflanzenetiketten.

Falten Sie aus den Gartenbuchkopien rechteckige Tüten: Dazu schneiden Sie aus den Blättern Rechtecke von ca. 7 × 22 cm. Falten Sie zuerst die Längsseiten jeweils 1 cm nach hinten. Falten Sie dann die Schmalseiten mit den Rückseiten übereinander, sodass die Bilder zu sehen sind. Nähen Sie die Tüten mit der Nähmaschine und kontrastierendem Faden an den Längsseiten mit kurzen Stichen zusammen. Füllen Sie die Tüten mit unterschiedlichen Samen (Ringelblumen, Jungfer im Grünen, Kornblumen usw.) und schlagen Sie die Öffnungen zweimal je ca. 1 cm weit ein.

Schneiden Sie das Transparentpapier in 3 cm breite Streifen und beschriften Sie sie mit den Samennamen. Sie können die Namen auch in verschiedenen Schriften auf weißem Papier ausdrucken und von hinten auf das Transparentpapier kleben. Nähen Sie die Samentüten nun auf der Schmalseite zu und nähen Sie die Namensschildchen gleich mit an.

Füllen Sie 2 – 3 Pflanztöpfe mit Erde. Pflanzen Sie die Jungpflanzen ein, drücken Sie die Erde vorsichtig fest und gießen Sie sie leicht an. Füllen Sie die Obsttüte mit Pflanzerde und stellen Sie sie in die Holzkiste. Ordnen Sie die eingetopften Pflanzen, die Pflanzenetiketten, ein paar übrige Töpfe und eine Pflanzschaufel dazu. Spannen Sie ein paar Gummibänder um die Kiste und stecken Sie die Samentütchen darunter.

Frisch
STANGENBOHNEN
GLOCKENREBEN
RINGELBLUMEN

Ostereier in Naturfarben

MATERIAL: 3 große Rote Bete · 30 g trockene Zwiebelschalen · 30 g Walnussschalen (selbst gesammelt oder aus der Apotheke) · 12 weiße Eier · 1 TL Butter · 3 Töpfe · Küchenpapier · 3 Eierkartons · 6 halbe Eierschalen · Moos · 6 weiße Traubenhyazinthen mit Zwiebeln · 3 Federn · 1 Schuss Essig · apricotfarbene Dispersionsfarbe · schmales Textilband · 3 Holzanhänger (gekauft) · Hasenstempel · blaue Stempelfarbe · gestreiftes Textilband · Küchenreibe · Sieb · Borstenpinsel

Schälen Sie die Roten Beten und raspeln Sie sie auf der Küchenreibe. Kochen Sie die Raspel in einem Topf mit 1 l Wasser 40 Min. lang. Die Zwiebelschalen und die Walnussschalen jeweils in einem Topf mit 1 l Wasser ca. 15 Min. lang kochen lassen.

Die Töpfe vom Herd nehmen und die Pflanzenfarben abkühlen lassen. In eine Schüssel kaltes Wasser und einen Schuss Essig geben. Die Eier hineingeben und 1 – 2 Min. darin liegen lassen. Die Säure greift die Eierschalen an und macht die Oberfläche rau – so nehmen die Eier die Farbe besser an.

Gießen Sie die abgekühlten Pflanzenfarben einzeln durch ein Sieb und geben Sie den Sud jeweils wieder in den Topf. Lassen Sie die Flüssigkeiten aufkochen, legen Sie je 4 Eier hinein und kochen Sie sie in 10 Min. hart. Die Eier herausheben und auf Küchenpapier trocknen lassen.

Streichen Sie die Eierkartons innen und außen mit Dispersionsfarbe bunt an.

Reiben Sie die Eier mit etwas flüssiger Butter ein, so erhalten sie einen matten Glanz. Verteilen Sie die Eier in die Eierkartons. In die freien Mulden setzen Sie die halben Eierschalen und füllen diese mit etwas Moos.

Befreien Sie die Wurzeln der Traubenhyazinthen vorsichtig von der Erde. Nach Belieben können Sie sie auch unter fließendem Wasser abbrausen. Kürzen Sie die Wurzeln falls nötig etwas ein und setzen Sie die Traubenhyazinthen in die Schalenhälften. Bedecken Sie die Wurzeln mit Moos und legen Sie jeweils 1 Feder dazu.

Stempeln Sie auf die Holzetiketten jeweils einen blauen Hasen und fädeln Sie ein Stück Band durch die Anhänger. Legen Sie die Deckel locker über die Eier (die Traubenhyazinthen dafür seitlich legen) und schlingen Sie jeweils ein Band mit einem Anhänger um die Kartons.

Erdbeerherz zum Muttertag

Für 1 Torte in Herzform, ca. 22 cm Ø, Haltbarkeit: schmeckt frisch am besten

ZUTATEN: 80 g Amarettini · 80 g Zwieback · 100 g Butter · 4 Blatt weiße Gelatine · 100 g Naturjoghurt · 200 g Vanillejoghurt · 80 g Puderzucker · 200 g Sahne · 500 g Erdbeeren · 1 EL Speisestärke

...

MATERIAL: Herzform (ca. 22 cm Ø) · Tortenbox aus Pappe (ca. 32 cm Ø) · Tortenspitze (25 – 28 cm Ø) · pinkfarbene Sprühfarbe · Transparentfolie · Gefrierbeutel · Nudelholz · Klebestift · Kuchenplatte · Stabmixer · Schere

Für den Boden Amarettini und Zwieback in einem Gefrierbeutel mit dem Nudelholz zerbröseln. Butter zerlassen und mit den Bröseln mischen. Die Herzform auf eine Kuchenplatte setzen, die Bröselmischung hineindrücken. Den Boden 3 Std. kühl stellen.

Die Erdbeeren waschen und putzen. Die Hälfte der Beeren in Würfel schneiden, die übrigen mit 10 g Puderzucker mit dem Stabmixer pürieren und kühl stellen. Die Gelatine in kaltem Wasser einweichen. Natur- und Vanillejoghurt mit dem restlichen Puderzucker verrühren. Die Gelatine leicht ausdrücken und in einem Topf auflösen. 2 EL Joghurtcreme unterrühren und die Mischung unter die übrige Creme rühren. Die Sahne steif schlagen und unterheben. Die Hälfte der Creme auf den Boden geben, die Beeren darauf verteilen und die restliche Creme darauf verstreichen. Mit einem Löffel Mulden in die Oberfläche drücken. Die Torte 4 Std. kühl stellen.

Das Erdbeerpüree erhitzen. Die Speisestärke mit 2 EL Wasser glatt rühren und mit dem Püree aufkochen. Das Püree auf der Creme verteilen. Das Herz kühl stellen.

Den Tortenkarton mit Sprühfarbe pink einfärben. Aus dem Tortendeckel und der Tortenspitze je einen Kreis mit 15 – 18 cm Ø ausschneiden. Aus der Folie einen 1 cm größeren Kreis schneiden. Auf den Deckel den Folienkreis (er ist das Sichtfenster) und darauf die Tortenspitze kleben. Den Kuchen aus der Form lösen und auf der Platte in den Karton stellen.

TEA

Gute-Laune-Tee

Für 80 g Teemischung, Haltbarkeit: einige Monate (trocken lagern)

ZUTATEN: 2 Handvoll frische Gänseblümchenblüten • 2 Handvoll frische Brennnesselblätter • 2 Handvoll frische Himbeerblätter • 1 Handvoll frische Frauenmantelblätter

• • •

MATERIAL: 3 Zellophantüten (ca. 13 × 26 cm) • 3 bunte Papiertüten (ca. 13 × 26 cm) • geschöpftes Papier • Bast • Klebestift • Bleistift • Schere • Locher

Sammeln Sie die Blüten und Blätter am Morgen, wenn der Tau getrocknet ist. Zu diesem Zeitpunkt enthalten sie die meisten Inhaltsstoffe. Legen Sie ein Küchentuch auf ein Kuchengitter und verteilen Sie die Blüten und Blätter darauf. Lassen Sie sie an einem geschützten Ort ohne direkte Sonneneinstrahlung vollständig trocknen – das dauert ca. 3 – 4 Tage.

Wiegen Sie von den getrockneten Blüten und Kräutern jeweils 20 g ab. Geben Sie die Blätter in eine Schüssel und zerreiben Sie sie grob zwischen den Händen. Dann mischen Sie die Gänseblümchen darunter. Die Teemischung in die Zellophantüten füllen und mit Bast verschließen. Die restlichen Blätter und Blüten verpacken Sie am besten getrennt in Plastikboxen, so bleiben Farbe und Duft am besten erhalten.

Skizzieren Sie auf den Papiertüten einen Kreis mit ca. 6 cm Ø und schneiden Sie ihn aus – er ist das Sichtfenster. Die Zellophantüten in die Papiertüten stellen. Den Tütenrand zweimal einschlagen und mehrmals lochen.

Als Anhänger schneiden Sie einen schmalen Papierstreifen aus. Lochen Sie ihn in der Mitte einer Schmalseite, beschriften Sie ihn per Hand (wer mag, fügt noch eine kleine Zeichnung dazu) und kleben Sie ihn auf. Fädeln Sie Bast durch die Löcher der Tüte und den Anhänger und verschließen Sie die Tüte mit einer Schleife.

Kräuterwürziges Bärlauchpesto

Für 3 Gläser à ca. 200 ml, Haltbarkeit: 3 – 4 Wochen (im Kühlschrank)

ZUTATEN

150 g Bärlauch · 50 g Pinienkerne · 50 g Sonnenblumenkerne · 1 Knoblauchzehe · 100 g geriebener Pecorino oder Parmesan · Salz · Pfeffer · ca. ½ l Rapsöl oder Olivenöl

· · ·

MATERIAL

2 Schraubgläser (à 200 ml) · Butterbrotpapier · Spankorb · 1 Paket Nudeln · 1 Stück Parmesan (in Wachspapier) · Bärlauchblätter und -knospen · Paketschnur · Stabmixer · Zackenschere

Den Bärlauch waschen und trocken schleudern – am besten mehrmals schleudern und nach jedem Schleudergang die Blätter auflockern. Die Blätter auf Küchentüchern ausbreiten, damit die restliche Feuchtigkeit verdunstet (Wasser im Pesto verkürzt die Haltbarkeit!).

Pinien- und Sonnenblumenkerne in einer Pfanne ohne Fett goldbraun rösten. Die Kerne auf einem Teller abkühlen lassen. Den Knoblauch schälen und klein würfeln.

Den Bärlauch grob hacken und portionsweise mit den Kernen und dem Knoblauch in einen hohen Rührbecher geben. Die Blätter mit dem Stabmixer fein pürieren (nur so lange pürieren wie nötig, damit sich die Masse nicht erwärmt), dabei nach und nach etwas Öl und Käse dazugeben. Die Pestoportionen jeweils in eine Schüssel geben, mischen und mit Salz und Pfeffer würzen.

Das Pesto in heiß ausgespülte und abgetropfte Gläser füllen, dabei die vollen Gläser leicht auf die Arbeitsfläche stoßen, damit eventuell vorhandene Luftblasen entweichen. Das Pesto mit einer Schicht Öl bedecken.

Für die Verpackung schneiden Sie aus Butterbrotpapier eine Deckelhaube, deren Durchmesser 4 – 6 cm größer ist als der des Deckels. Schneiden Sie zudem mit der Zackenschere 2 schmale, lange Papierstreifen aus. Fixieren Sie die Deckelhaube und die daraufgelegten Papierstreifen mit Paketschnur am Glas.

Zum Verschenken legen Sie die Zutaten für ein feines Pestogericht in einen Spankorb: ein Paket Nudeln, ein Stück Parmesan und ein Glas Pesto. Dekorieren Sie den Korb mit Bärlauchblättern und -knospen.

FEINER ÖLSCHUTZ

Achten Sie darauf, dass das Pesto immer mit einer Schicht Öl bedeckt ist – nicht nur direkt nach dem Abfüllen, sondern auch, wenn Sie etwas aus dem Glas entnommen haben. So kann das feine Bärlauchpüree nicht vertrocknen oder schimmeln.

Hornveilchen in Dosen

MATERIAL: 5 gelbe Hornveilchen · 5 leere Konservendosen · Lackfarben (weiß, gelb, creme) · evtl. Masking-Tape · Pflanzenerde · Moos · Radiergummi · Stempelfarbe · Tonpapier in 2 Farben · Einweghandschuhe · breiter Pinsel · Bleistift · Farbstift · Fineliner · lange Holzspieße · Cuttermesser · Schere · Alleskleber · Klebeband · Zeitungspapier

Richten Sie Ihren Arbeitsplatz am besten im Freien ein. Legen Sie den Tisch mit Zeitungspapier aus und verwenden Sie Einweghandschuhe. Streichen Sie die ausgespülten und trockenen Konservendosen mit weißer Lackfarbe an. Stellen Sie die Dosen kopfüber zum Trocknen auf Zeitungspapier. Falls nötig, streichen Sie die Dosen ein zweites Mal. Anschließend dekorieren Sie die Dosen mit einem oder zwei Streifen in einer anderen Lackfarbe. Noch einfacher: Kleben Sie kontrastierende Streifen mit Masking-Tape auf.

Nun pflanzen Sie die Hornveilchen mit Erde bis 1 cm unter den Rand in die Dosen (so kann das Gießwasser nicht überlaufen). Decken Sie die Erde mit Moos ab und gießen Sie die Veilchen leicht an. Da die Dosen unten keine Löcher haben, sollten Sie immer nur ganz wenig gießen.

Für die Pflanzetiketten fertigen Sie kleine Vogelstempel an: Zeichnen Sie dafür einen stilisierten Vogelkörper auf einen Radiergummi und entfernen Sie mit dem Cuttermesser rings um das Motiv eine Schicht Radiergummi. Jetzt können Sie die Vogelkörper aufstempeln: Drücken Sie sie zuerst in Stempelfarbe und dann auf das bunte Papier. Zeichnen Sie mit Farbstift Schnabel und Füße an die Vogelkörper. Die Sprechblasen und deren Inhalt zeichnen Sie am besten mit Bleistift vor und stricheln sie mit Fineliner nach.

Schneiden Sie die Vögel mit den Sprechblasen großzügig aus, kleben Sie sie mit Alleskleber und Klebeband an die Holzspieße und stecken Sie sie zu den Veilchen in die Erde.

SPRING
Castillo Ygay

TRAUMZEIT IM GARTEN

Sommer

Feiner Himbeeressig

Für 2 Flaschen à 250 ml, Haltbarkeit: 1 Jahr (dunkel lagern)

ZUTATEN: ½ l Apfelessig · 50 g Zucker · 300 g Himbeeren

...

MATERIAL: 2 Flaschen (à 250 ml) · großes Weck- oder Schraubglas · Sieb · Trichter · helles Tonpapier · schmales Satinband · Buchstabenstempel · Stempelkissen · Schere · Klebestift

Den Essig mit dem Zucker in einem Topf bei schwacher Hitze erwärmen (nicht kochen!), bis sich der Zucker auflöst. Den Essig abkühlen lassen.

Ein Weck- oder Schraubglas heiß ausspülen und den gesüßten Essig hineingießen. Die Himbeeren verlesen und in das Glas geben. Das Glas verschließen.

Den Essig ca. 1 Woche ziehen lassen, dabei das Glas hin und wieder leicht schwenken. Die Himbeeren geben nach und nach Farbe und Aroma an den Essig ab. Je länger sie ziehen, desto intensiver wird das Himbeeraroma des Essigs.

Die Flaschen heiß ausspülen. Den aromatisierten Essig durch ein feines Sieb gießen und mithilfe eines Trichters in die Flaschen füllen. Die Flaschen an einem dunklen Ort aufbewahren, damit der Essig seine leuchtende Farbe behält.

Zum Verschenken kleben Sie Etiketten auf die Flaschen. Dafür ca. 3 × 15 cm große Tonpapierstreifen zuschneiden und mit Buchstabenstempeln beschriften. Die Banderolen mit Klebestift bestreichen und auf die Flaschen drücken. Die Flaschen mit einem hübschen Satinband dekorieren.

SOMMERAROMA PUR!

Himbeeressig schmeckt wunderbar fruchtig und harmoniert perfekt mit zarten Blattsalaten.

ESSIG
IMBEERESSI

Sommerliches Gesteck

MATERIAL
1 Steckschwammziegel (ca. 23 × 11 × 7,5 cm) · 1 verzinkter Übertopf · 8 – 10 Frauenmantelblätter · 2 – 3 Frauenmantelblüten · 1 Zierlauchblüte · 4 – 5 kleine grüne Äpfel am Zweig · 1 Stiel Mondviole (Silberblatt) mit grünen Schoten · Messer

Schneiden Sie den Steckschwamm so zu, dass er in den Übertopf passt. Legen Sie ihn nun in eine große Schüssel mit Wasser (siehe Tipp). Nach 1 – 2 Min. hat er sich vollgesaugt.

Schneiden Sie den Steckschwamm mit einem Messer so zurecht, dass er gerade in den Übertopf passt und nicht verrutschen kann. Er sollte höchstens 1 cm höher sein als das Gefäß. Füllen Sie den Übertopf mit Wasser – entweder bis er voll ist oder, wenn der Steckschwamm etwas niedriger ist als das Gefäß, bis der Schwamm gerade bedeckt ist.

Schneiden Sie die Frauenmantelblätter an und stecken Sie sie so in den Schwamm, dass sie sich überlappen und die Unterlage ganz abdecken. Falls beim Einstecken mal ein Stiel abknickt, schneiden Sie ihn einfach nochmal an. Stecken Sie nun das Highlight des Arrangements, den Zierlauch, in die Mitte des Schwamms. Die Blüte soll direkt auf den Frauenmantelblättern sitzen.

Abschließend stecken Sie die gelbgrünen Frauenmantelblüten in Gruppen »wolkig« um die Zierlauchblüte und die Stiele mit den kleinen Äpfeln sowie die grünen Mondviolen dazwischen.

STECKSCHWÄMME

Mit Steckschwämmen können Sie Blumenarrangements nicht nur fixieren, sie sind gleichzeitig ein Wasserspeicher für das zarte Grün. Die feinporigen Schwämme werden überwiegend als Ziegel in der Größe von 23 × 11 × 7,5 cm angeboten. Zum Wässern füllen Sie eine große Schüssel mit Wasser und legen den Steckschwamm hinein. Bitte nicht untertauchen, das könnte zur Folge haben, dass sich Lufteinschlüsse bilden und die Blumen nicht richtig mit Wasser versorgt werden. Wenn er vollgesogen ist, sinkt er von selbst nach unten (deshalb darauf achten, dass die Schüssel ausreichend tief ist). Verwenden Sie immer einen frischen Steckschwamm. Einmal eingeweicht und wieder getrocknet, ist er leider unbrauchbar. Steckschwamm ist übrigens kompostierbar und kann in die Biotonne.

Zucchini-Ananas-Relish

Für 4 Gläser à ca. 200 ml, Haltbarkeit: 3 – 4 Monate (kühl lagern)

ZUTATEN: 500 g Zucchini • 150 g Zwiebeln • 150 g Ananas • 2 EL Olivenöl • 120 g Zucker • Salz • 120 ml Weißweinessig • 1 TL Senfkörner • ½ TL Currypulver • ½ TL Cayennepfeffer • Chilipulver • evtl. 1 TL Speisestärke

...

MATERIAL: 4 Weck- oder Schraubgläser (à 200 ml) • hellblaues und mintgrünes Krepppapier • breite Haushaltsgummis • 4 Papierschirmchen • Schere

Die Zucchini waschen, putzen und längs in ½ cm dicke Scheiben schneiden. Die Scheiben quer in Streifen schneiden. Die Zwiebeln schälen, halbieren und in sehr feine Streifen schneiden.

Die Ananas schälen, vierteln und den harten Strunk in der Mitte entfernen. Das Fruchtfleisch zuerst in Scheiben, dann in kleine Stücke schneiden.

Die Gläser mit den Deckeln in kochendem Wasser sterilisieren (→ Seite 13).

Das Olivenöl in einer Pfanne erhitzen und die Zwiebeln darin glasig dünsten. Zucchini, Ananas, Zucker und 2 TL Salz dazugeben und alles unter Rühren in 3 – 5 Min. bissfest garen. Mit dem Essig ablöschen und Senfkörner, Currypulver und Cayennepfeffer dazugeben. Die Zucchini-Ananas-Mischung ein paar Minuten weiterköcheln lassen, dann mit Salz und Chilipulver abschmecken.

Falls das Relish sehr flüssig ist, 1 TL Speisestärke mit wenig kaltem Wasser verrühren und dazugeben. Das Relish erneut aufkochen.

Das Zucchini-Ananas-Relish heiß in die Gläser füllen und sofort verschließen. Dieses fruchtig-scharfe Sommer-Relish passt gut zu gegrilltem Fleisch und Gemüse.

Zum Verschenken schneiden Sie aus Krepppapier Deckelhauben. Legen Sie dafür die beiden Krepppapiere übereinander und schneiden Sie Kreise aus, die 4 – 6 cm größer sind als die Deckel. Fixieren Sie die Doppelkreise mit Gummibändern an den Gläsern. Stecken Sie jeweils 1 Papierschirmchen unter das Gummi – fertig ist das sommerliche Geschenk!

Edle Rosentrüffel

Für ca. 30 Trüffelkugeln, Haltbarkeit: 1 – 2 Wochen

ZUTATEN: 1 Handvoll dunkelrote Duftrosenblütenblätter · 3 EL Zucker · 120 g Sahne · 100 g Vollmilchkuvertüre · 125 g Zartbitterkuvertüre · 1 EL Rosenwasser

...

VERPACKUNG: Pralinenmanschetten · Spanschachtel · rosa Deckfarbe · Deckweiß · Tonpapier · Textilband · Pergament- oder Backpapier · Einweghandschuhe · Blitzhacker · Borstenpinsel · Stift · Locher

Die frischen Rosenblütenblätter zusammen mit dem Zucker im Blitzhacker fein mahlen. Den Rosenzucker auf einem Teller ausbreiten und ca. 3 Std. trocknen lassen. Falls er danach ein bisschen zusammenklebt, können Sie die Klümpchen mit dem Nudelholz zerkleinern.

Die Sahne in einem Topf aufkochen und vom Herd nehmen. Die Kuvertüre hacken und unter Rühren in der Sahne schmelzen. Die Masse etwas abkühlen lassen und das Rosenwasser untermischen. Die Trüffelmasse zugedeckt mindestens 3 Std. in den Kühlschrank stellen, bis sie fest ist.

Von der Trüffelmasse mit einem Teelöffel kleine Portionen abstechen und mit den Händen rasch zu Kugeln rollen (dafür am besten Einweghandschuhe tragen). Die Trüffel im Rosenzucker wälzen und in Papiermanschetten setzen.

Für die Verpackung streichen Sie die Spanschachtel innen und außen rosa. Falls die Farbschicht nicht ganz deckt, geben Sie etwas Deckweiß zur Farbe und streichen erneut.

Legen Sie die Pralinen in die Schachtel und zwischen die einzelnen Schichten jeweils Pergament- oder Backpapierkreise. Schneiden Sie aus Tonpapier einen Anhänger zu, den Sie beschriften, nach Lust und Laune bemalen oder bekleben und in der Mitte der beiden Schmalseiten lochen. Fädeln Sie das Etikett auf ein Band und binden Sie es um die Schachtel.

Tomatenpflanze mit Rezept

Richten Sie Ihren Arbeitsplatz am besten im Freien ein oder legen Sie Ihren Tisch mit Zeitungspapier aus. Bedecken Sie das Ablaufloch im Tontopf mit Kieselsteinen oder Tonscherben und geben Sie eine Schicht Erde darauf.

Lösen Sie die Tomatenpflanze aus dem Anzuchttopf und setzen Sie sie in den Tontopf. Tomaten sollten möglichst tief gepflanzt werden, sie bilden dann am Stängel zusätzliche Wurzeln, die eine gute Nährstoffversorgung gewährleisten. Füllen Sie den Topf mit Erde auf und drücken Sie diese gut an.

Stecken Sie den Zweig in den Topf und binden Sie die Pflanze mit Bast oder Schnur locker daran. Die Tomatenpflanze vorsichtig angießen. Für die Verarbeitung der hoffentlich reichen Ernte hängen Sie ein Tomatenrezept an (z. B. für Tomatenketchup).

Für das Rezept können Sie die Vorlage (→ Seite 135) in der gewünschten Größe auf Papier kopieren (oder Sie lassen Ihrer Fantasie freien Lauf ...). Kolorieren Sie die Tomaten und das Ketchup darauf mit Wasserfarben oder Buntstift. Lochen Sie es auf einer Seite und binden Sie es mit Bast an dem Zweig fest.

MATERIAL

1 Tomatenjungpflanze · Pflanzerde · 1 Tontopf (16 cm Ø) · 2 – 3 Kieselsteine oder Tonscherben · 1 Zweig · roter Bast oder Schnur · Papier · Wasserfarben oder Buntstifte · Pinsel · Schere · Locher

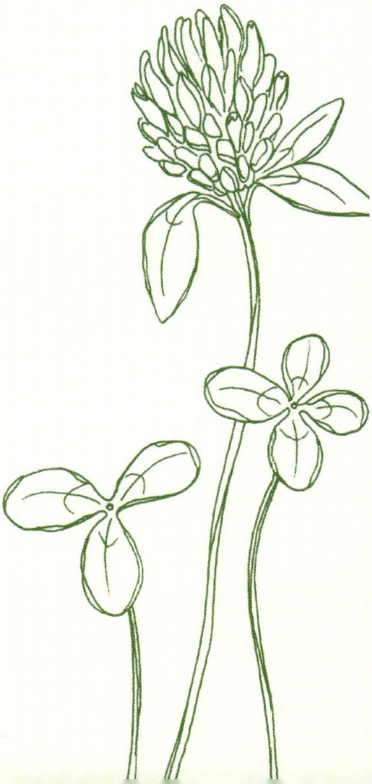

Scharfer Tomatenketchup

Für 1 Flasche à 700 ml, Haltbarkeit: 5 Monate (im Kühlschrank)

ZUTATEN: 800 g reife, süße Tomaten · 1 rote Chilischote · 300 g Aprikosen · 1 Knoblauchzehe · 2 EL geschmacksneutrales Öl · 5 EL Tomatenmark · 70 g Zucker · 1 TL Gemüsebrühe · ½ TL getrocknetes Basilikum · Salz · Pfeffer

...

MATERIAL: 1 Flasche mit Schnappverschluss · Trichter · helles Tonpapier · Moosgummiplatte · 2 Haushaltsgummis · Bleistift · Buntstifte · Nähnadel · Schere

Die Tomaten waschen und in grobe Würfel schneiden, dabei die Stielansätze entfernen. Die Chilischote längs halbieren, entkernen und waschen. Die Aprikosen waschen, halbieren und entkernen. Knoblauch schälen und fein würfeln.

Alle Zutaten (außer Basilikum, Salz und Pfeffer) in einem Topf aufkochen. Dann bei schwacher Hitze unter gelegentlichem Rühren ca. 15 Min. einköcheln lassen.

Die Tomatensauce durch ein Sieb streichen und wieder in den Topf geben. Die Sauce mit Salz, Pfeffer und getrocknetem Basilikum kräftig würzen und ca. 40 Min. sämig einköcheln lassen.

Die Flasche samt Gummiring in kochendem Wasser sterilisieren (→ Seite 13). Den Ketchup mithilfe eines Trichters sehr heiß in die Flaschen füllen und verschließen.

Für das Etikett schneiden Sie einen schmalen Streifen Tonpapier aus (ca. 4 × 25 cm) und schreiben die Buchstaben sehr fein mit Bleistift darauf. Legen Sie eine Moosgummiplatte oder eine andere weiche Unterlage unter das Papier und stechen Sie die Buchstaben mit einer Nadel in kleinen Abständen nach. Nach Belieben malen Sie mit Buntstiften eine Tomate anstelle des O (Vorlage → Seite 134). Oder Sie kleben ein Tomatenfoto aus einer Werbebroschüre darauf. Befestigen Sie das Etikett ganz einfach mit zwei hübschen Haushaltsgummis an der Flasche.

Ringelblumensalbe

Für 5 Schraubgläschen à 20 ml, Haltbarkeit: 5 Monate (kühl und dunkel lagern)

ZUTATEN: 100 ml Olivenöl · ½ Handvoll frische Ringelblumenblüten · 1 EL frische Kamillenblüten · 20 g Bienenwachs (Apotheke) · 5 ml ätherisches Öl (z. B. Schafgarbe)

...

MATERIAL: 5 Schraubgläschen (à 20 ml) · kleine Geschenkschachtel · Textilband · 1 Ringelblumenblüte · Baumwolltuch · Sieb

Das Öl in einem Topf bei schwacher Hitze erwärmen. Die Blüten dazugeben und ca. 20 Min. ständig rühren – das Öl darf dabei auf keinen Fall kochen.

Den Topf vom Herd nehmen und den Blütenauszug etwas abkühlen lassen. Ein Sieb mit einem Baumwolltuch auslegen. Das Öl durch das Sieb in eine Schüssel gießen und gut lauwarm (auf 40 – 50°) abkühlen lassen.

Das Bienenwachs in einem Topf bei schwacher Hitze schmelzen und zu dem Blütenauszug geben. Das ätherische Öl unterrühren. Die Mischung lauwarm abkühlen lassen und in Schraubgläschen oder kleine Salbentiegel abfüllen.

Zum Verschenken packen Sie ein Salbengläschen in eine kleine Pappbox – entweder kaufen Sie sie fertig oder Sie verwenden ein leeres Pralinenschächtelchen. Oder Sie basteln selbst ein Behältnis, z. B. eine kleine Pyramide (→ Seite 74). Verschließen Sie die Box mit einem hübschen Band und dekorieren Sie es mit einer Ringelblume.

HEILENDE SALBE

Ringelblumensalbe ist ein jahrhundertealtes Hausmittel. Sie wirkt antibakteriell und damit entzündungshemmend. Zudem heilt sie blaue Flecken und sorgt durch ihren hohen Ölanteil dafür, dass trockene Haut geschmeidig wird.

Fruchtiger Sauerkirschlikör

Für 2 Flaschen à ca. 250 ml, Haltbarkeit: mindestens 6 Monate (dunkel lagern)

ZUTATEN: 750 g Sauerkirschen · 1 Vanilleschote · 3 Kardamomkapseln · 1 Zimtstange · 250 g weißer Kandiszucker · 375 ml weißer Rum · 375 ml Wodka

...

MATERIAL: großes Weck- oder großes Schraubglas · 2 Flaschen (à 250 ml) mit Korken · Messbecher · dunkelgrauer Acryllack · weißer feiner Lackstift · 2 Kirschenpaare · Küchengarn · Klebeband · Pinsel

Die Kirschen waschen, entstielen, halbieren und entkernen, dabei den austretenden Saft auffangen. Die Vanilleschote längs halbieren. Die Kardamomkapseln mit einer Messerklinge leicht andrücken.

Die Kirschen, den Kirschsaft, Vanilleschote, Kardamom, Zimtstange, Kandiszucker, Rum und Wodka in ein großes Weck- oder Schraubglas geben. Die Kirschen 2 Wochen ziehen lassen, dabei gelegentlich schwenken, damit sich der Kandis löst und die Kirschen Aroma und Farbstoff abgeben.

Den Likör durch ein Sieb in einen Messbecher gießen. Dann mithilfe eines Trichters in die Flaschen füllen. Die Flaschen mit den Korken verschließen.

Zum Verschenken auf die Flaschen mit Klebeband einen Rahmen kleben, dessen Innenmaße ca. 4 × 6 cm betragen. Die Fläche im Rahmen dünn mit Acryllack ausmalen. Den Lack 5 – 6 Std. trocknen lassen.

Dann das Klebeband abziehen. Falls etwas Farbe unter das Klebeband gelaufen ist und ausgefranste Ränder entstanden sind, können Sie diese Unregelmäßigkeiten einfach mit einem Messer abkratzen. Mit einem weißen Lackstift das so entstandene Etikett beschriften.

Reichlich Küchengarn mehrmals um jeden Flaschenhals wickeln, verknoten und je 1 Kirschenpaar daran festbinden.

4U

Aprikosen-Melonen-Marmelade

Für 4 Gläser à ca. 150 ml, Haltbarkeit: 5 – 6 Monate

ZUTATEN: 300 g Aprikosen · 300 g Honigmelone · 300 g Gelierzucker 2:1 · Saft von ½ Zitrone · 100 ml Weißwein · 1 EL getrocknete Lavendelblüten

...

MATERIAL: 4 Gläser (à 150 ml) · Stoffreste in Pastelltönen · Gummiringe · sommerliches Geschenk- oder Motivpapier · Schaumlöffel · evtl. Stabmixer · Schöpflöffel · Schere · Stecknadeln · Filzstift · einige Stiele frische Lavendelblüten und -zweige

Die Aprikosen waschen, halbieren, entkernen und in kleine Stücke schneiden. Die Melone schälen, die Kerne entfernen und das Fruchtfleisch klein schneiden.

Die Früchte mit dem Gelierzucker in einen großen Topf geben und zugedeckt über Nacht, mindestens jedoch 3 Std. ziehen lassen.

Die Gläser und die Deckel in kochendem Wasser sterilisieren (→ Seite 13).

Die Früchtemischung mit Zitronensaft und Weißwein unter häufigem Rühren aufkochen. Die Marmelade mindestens 5 Min. sprudelnd kochen, dabei ab und zu umrühren. Falls sich an der Oberfläche Schaum bildet, diesen mit dem Schaumlöffel abnehmen.

Die Marmelade nach Belieben mit dem Stabmixer pürieren. Zum Schluss die Lavendelblüten unterrühren. Die Marmelade mit dem Schöpflöffel heiß in die Gläser füllen und sofort mit den Deckeln verschließen.

Zum Verschenken schneiden Sie aus Stoffresten Hauben, deren Durchmesser 4 – 6 cm größer ist als der Deckel. Fixieren Sie die Hauben mit Gummiringen an den Deckeln. Schneiden Sie aus buntem Papier Etiketten aus, beschriften Sie sie mit Filzstift und stecken Sie sie mit hübschen Stecknadeln am Stoff fest. Noch 1 – 2 Lavendelblüten und 1 Lavendelzweig unter das Etikett stecken – fertig!

MAL WAS ANDERES

Anstatt mit Aprikosen können Sie die Marmelade auch mit Pfirsichen oder Nektarinen zubereiten. Verwenden Sie dann zum Aromatisieren statt Lavendelblüten 1 Stiel Minze, den Sie zum Schluss kurz mitkochen und vor dem Abfüllen entfernen.

Aprikose-Melone mit Lavendel

Windlichter mit Henkel

MATERIAL: 5 kleine Wasserbomben (Spielzeugladen) · Butterbrotpapier · 5 Teelichter in Gläsern · 6 – 7 Stiele Phlox · Korb · Geschenkband · blühende Gräser · Tapetenkleister · Gläser · Küchengarn · Borstenpinsel · Luftpumpe · Silberdraht · Nadel · Locher

Blasen Sie die Wasserbomben auf die gewünschte Größe auf und verschließen Sie sie mit einem Knoten. Rühren Sie etwas Tapetenkleister mit Wasser an. Reißen Sie das Butterbrotpapier in kleine Stücke.

Setzen Sie je 1 Ballon mit dem Knoten nach unten auf ein Glas, sodass er stabil darauf sitzt. Streichen Sie die Ballons nacheinander mit Kleister ein und sparen Sie dabei rund um die Knoten 8 – 10 cm aus. Kleben Sie die Papierstückchen überlappend auf die Ballons. Streichen Sie die Schicht erneut mit Kleister ein und kleben Sie wieder Papier darauf. Tragen Sie auf diese Art und Weise gleichmäßig mehrere Schichten auf. Die Windlichter sollten später zwar stabil, trotzdem aber noch durchscheinend sein. Den restlichen Tapetenkleister in einem Schraubglas beiseitestellen. Lassen Sie die Hüllen 2 – 3 Tage trocknen.

Stechen Sie die Wasserbomben mit einer Nadel auf und entfernen Sie sie. Nun lochen Sie die Windlichter ca. 1 cm unterhalb des Rands an zwei gegenüberliegenden Stellen. Ziehen Sie den Silberdraht doppelt durch ein Loch und verdrehen Sie ihn darüber. Legen Sie die Länge des Aufhängers fest und ziehen Sie den Draht durch das zweite Loch. Wickeln Sie die Enden mehrmals um den Draht. Formen Sie oberhalb der Drahtmitte jeweils eine Schlaufe, indem Sie den Draht ein paarmal verdrehen. Binden Sie Küchengarn an die Schlaufen.

Für die Deko zupfen Sie dann die einzelnen Phloxblüten ab. Tauchen Sie die Blüten mit der Oberseite in den Kleister und kleben Sie sie auf die Windlichter. Stellen Sie Teelichter in Gläsern in die Windlichter. Zum Verschenken legen Sie die Windlichter in einen kleinen Korb. Dekorieren Sie den Korb mit einem Geschenkband und ein paar blühenden Gräsern.

BEEREN-
CHUTNEY

Pfeffriges Beeren-Chutney

Für 3 Gläser à 200 ml, Haltbarkeit: 4–5 Monate (kühl und dunkel lagern)

ZUTATEN: 3 Schalotten · 1 rote Chilischote · 1 Knoblauchzehe · 1 TL schwarze Pfefferkörner · 200 g Himbeeren · 200 g Rote Johannisbeeren · 2 EL Honig · 100 ml trockener Rotwein · 50 ml Weißweinessig · 3–4 Gewürznelken · 1 Zimtstange · 1 Lorbeerblatt · Salz

...

MATERIAL: 3 Weck- oder Schraubgläser (à 200 ml) · Stoffserviette · Textilband · stabiles Papier oder leichter Karton · Filzstift · Masking-Tape · Geranienblüte

Die Schalotten schälen und würfeln. Die Chilischote halbieren, entkernen, waschen und fein würfeln. Den Knoblauch schälen und ebenfalls fein würfeln. Die Pfefferkörner grob mahlen oder im Mörser zerstoßen.

Die Himbeeren verlesen, waschen und abtropfen lassen. Die Johannisbeeren waschen, abtropfen lassen und von den Stielen zupfen.

Die Gläser, Deckel und Gummis in kochendem Wasser sterilisieren (→ Seite 13).

Die Beeren mit den restlichen Zutaten (außer Pfeffer und Salz) in einem Topf bei mittlerer Hitze unter häufigem Rühren in ca. 7 Min. sämig einköcheln. Zum Schluss das Lorbeerblatt und die Zimtstange herausfischen und das Chutney mit dem Pfeffer und Salz würzen.

Das Chutney in die Gläser abfüllen und sofort verschließen.

Zum Verschenken schlagen Sie ein Chutney-Glas locker in eine Stoffserviette ein und fixieren diese mit einem bunten Band.

Schneiden Sie aus Papier oder Karton einen Anhänger mit abgerundeten Ecken zu und beschriften Sie ihn mit Filzstift. Abschließend dekorieren Sie ihn mit einem Streifen Masking-Tape. Binden Sie nun das Etikett mit dem Band an das Geschenk und stecken Sie eine farblich passende Blüte, z. B. eine Geranienblüte, unter das Band.

SOMMER-CHUTNEYS

Fruchtige Beeren-Chutneys passen perfekt zu gegrilltem Fleisch, aber auch zu würzigem Käse. Sie können die Beeren für dieses Chutney nach Lust und Laune variieren. Probieren Sie mal Stachelbeeren in Kombination mit Schwarzen Johannisbeeren.

Johannisbeer-Muffins

Für 12 Muffins, Haltbarkeit: 1 – 2 Tage (gut verpacken)

ZUTATEN: 100 g Rote Johannisbeeren · 100 g weiche Butter · 120 g Zucker · 2 TL Vanillezucker · 1 Ei (Größe M) · ½ TL Zimtpulver · 50 g saure Sahne · 2 cl Rum · 120 g gemahlene Haselnüsse · 170 g Mehl · 1 TL Backpulver · Puderzucker zum Bestäuben · 12 Johannisbeerrispen für die Deko · 20 g Zucker

...

MATERIAL: Muffinblech (12 Mulden) · 24 Papier-Muffinförmchen · 12 lange Holzspieße · Masking-Tape

Den Backofen auf 180° (Ober- und Unterhitze) vorheizen. Je 1 Papierförmchen in die Vertiefungen des Muffinblechs setzen. Die Johannisbeeren waschen, abtropfen lassen und von den Rispen zupfen.

Die Butter mit den Quirlen des Handrührgeräts cremig schlagen. Den Zucker mit dem Vanillezucker unterrühren. Das Ei dazugeben und 2 – 3 Min. weiterrühren, bis die Masse ganz glatt ist. Den Zimt, die saure Sahne und den Rum unterrühren. Die Haselnüsse mit dem Mehl und dem Backpulver mischen und rasch unter die Buttermasse rühren.

Je 1 EL Teig in die Muffinförmchen geben und die Hälfte der Johannisbeeren darauf verteilen. Dann den übrigen Teig einfüllen und die restlichen Johannisbeeren darauf verteilen. Die Muffins im Ofen (Mitte) in ca. 25 Min. goldbraun backen. Dann die Muffins aus der Form heben und abkühlen lassen.

Für die Deko bekleben Sie die Holzspieße am oberen Ende doppelt mit Masking-Tape und schneiden mit einer Schere jeweils ein Dreieck heraus – fertig sind die Fähnchen.

Jeden Muffin in ein zweites Papierförmchen stellen und mit Puderzucker bestäuben. Den Zucker auf einen Teller geben. Die Johannisbeerrispen waschen, etwas abschütteln und im Zucker wälzen. Auf jeden Muffin 1 Johannisbeerrispe legen und 1 Fähnchen dazwischenstecken.

Romantisches Blüten-Memory

MATERIAL: 15 verschiedene Blütenpaare · farbiger dünner Karton · helles Tonpapier · Laminiergerät und Laminierfolie (nach Belieben) · dickes Buch · Lineal · Bleistift · Schere · Klebestift

Pflücken Sie jeweils 2 Blüten von einer Sorte und legen Sie sie zwischen die Seiten eines dicken Buchs. Telefonbücher eignen sich besonders gut, weil das raue Papier die Feuchtigkeit der Pflanzen gut aufnehmen kann. Achten Sie beim Hineinlegen darauf, dass die Blütenblätter und Stiele nicht umknicken. Lassen Sie die Blüten 3 – 4 Tage trocknen (je nach Pflanzenart dauert das Trocknen unterschiedlich lange).

Teilen Sie den dünnen Karton mithilfe von Lineal und Bleistift in 30 Quadrate à 6 × 6 cm ein. Schneiden Sie die Kärtchen aus. Das Tonpapier teilen Sie ebenfalls in 30 Quadrate ein, aber mit je 4 × 4 cm Größe. Schneiden Sie diese Quadrate ebenfalls aus.

Kleben Sie jeweils 1 Tonpapierquadrat mittig auf ein farbiges Kärtchen. Nehmen Sie die gepressten Blüten aus dem Buch (vorsicht, sie sind zerbrechlich!). Kleben Sie sie mittig auf die Kärtchen. Nach Belieben können Sie die Karten anschließend laminieren. Sie sind dann haltbarer, stabiler und zudem abwischbar.

BLÜTEN PRESSEN

Sie können grundsätzlich alle Blüten pressen. Zarte, feine, mit nicht zu dickem Blütenboden eignen sich am besten. Hübsch sind z. B. Gänseblümchen, Borretsch, Geranien, Malven, Vergissmeinnicht … Je ähnlicher sie in Form und Farbe sind, desto schwieriger wird das Memory. Noch abwechslungsreicher wird das Spiel, wenn Sie nicht nur Blüten, sondern auch Blätter auf die Kärtchen kleben.

WENN DIE BLÄTTER FALLEN

Herbst

Belebende Badeblüten

Für 10 – 12 Stück, Haltbarkeit: ca. 1 Monat (trocken lagern)

ZUTATEN: 3 EL getrocknete Kräuter (z. B. Minze, Thymian) • 150 g feines Meersalz • 4 Pck. Zitronensäure (100 g; Supermarkt) • 75 g Natron (Supermarkt) • 100 g Speisestärke • 100 g Kokosfett • 5 Tropfen ätherisches Thymianöl • 5 Tropfen ätherisches Zitronenöl

• • •

MATERIAL: 10 – 12 Silikonbackformen für Brioches oder Mini-Muffins (ca. 6 cm Ø) • 10 – 12 Blatt strukturiertes weißes Papier (300 g / m²) • grüne Garten- oder Sisalschnur • Lineal • Schere • Locher • Bleistift

Die Kräuter im Mörser fein zerreiben. Kräuter, Meersalz, Zitronensäure, Natron und Speisestärke in einer Schüssel mischen. (Falls das Meersalz etwas gröber ist, vorher in einer Gewürzmühle oder im Mörser zerkleinern.)

Das Kokosfett in einem Topf schmelzen und nach und nach mit den ätherischen Ölen mit einem Löffel unter die Kräuter-Salz-Mischung rühren. Die Mischung erinnert jetzt ein wenig an feuchten Sand.

Die Masse in die Förmchen verteilen und festdrücken. Die Förmchen ca. 1 Std. ins Tiefkühlgerät stellen, bis die Masse fest ist. Die Badeblüten vorsichtig aus den Förmchen stürzen und offen ca. 2 Tage trocknen lassen.

Für die Verpackung zeichnen Sie mit einem Bleistift in die Mitte der Papierbögen jeweils ein 7 × 7 cm großes Quadrat (die Seitenlänge sollte ca. 1 cm größer sein als die Badeblüten).

Zeichnen Sie nun an alle vier Seiten der Quadrate ein gleichschenkliges Dreieck. Der Abstand von der Spitze zum Quadrat sollte mindestens 7,5 cm betragen (etwas größer als die Seitenlänge). Je größer dieser Abstand ist, desto höher wird später die kleine Papierpyramide.

Schneiden Sie nun die vierzackigen »Sterne« aus und falten Sie die Dreiecke nach oben. Jetzt kommt noch ein Loch in jede Spitze (mit dem Locher), und fertig ist die Verpackung.

Setzen Sie in jede Pyramide eine Badeblüte, fädeln Sie die Schnur durch die Löcher und verschließen Sie sie mit einer Schleife. Nach Belieben können Sie die Badeblüten vor dem Verpacken mit frischen Thymianblättchen bestreuen und die Pyramiden anschließend mit Thymianzweigen dekorieren.

EINFACH ABTAUCHEN

Wellness nach einem langen Arbeitstag: ein Badetörtchen in die Wanne legen, heißes Wasser dazu und genüsslich eintauchen. Die Kräuter und Öle in den Badeblüten haben anregende und belebende Wirkung – man fühlt sich nach dem Bad wie neu geboren.

Wilder Physaliskranz

MATERIAL: ca. 120 frische Physalisfrüchte (Lampionblumen) mit Hüllblättern und Stielen · 1 Strohkranz (28 cm Ø) · 8 – 12 feine grüne Ranken (z. B. von Schwarzäugiger Susanne oder Jasmin) · Kordel · nach Belieben: 1 gepresstes Ahornblatt · Heißkleber · Zeitungspapier

Legen Sie Ihren Arbeitstisch mit Zeitungspapier aus, dann ist es nicht schlimm, wenn etwas Kleber danebentropft. Kleben Sie die Spitzen der Physalisfrüchte mit Heißkleber dicht an dicht auf den Strohkranz. Drücken Sie dafür die Spitzen der Früchte etwas ein und ziehen Sie mit Kleber einen Ring um die abgeflachte Spitze.

Spätestens jetzt merken Sie, wie wichtig es ist, frische Physalis zu verwenden. Die frischen Hüllblätter sind weich und lassen sich leicht zusammendrücken, getrocknete sind spröde und würden dabei brechen. Da die Früchte beim Trocknen zudem etwas an Volumen verlieren, sollte man sie ganz eng nebeneinanderkleben, damit die Unterlage später nicht durchblitzt.

Halten Sie jede Physalis so lange fest, bis der Kleber getrocknet ist. So kann sie nicht verrutschen, wenn die nächste dagegengedrückt wird. Die wild abstehenden Stiele und das Farbenspiel der Früchte beleben den gleichförmigen Kranz.

Für das Finish zupfen Sie die meisten Blättchen von den Ranken. Legen Sie dann die Ranken locker um den Kranz. Schlingen Sie die Kordel um den Kranz und fixieren Sie sie abschließend mit einer großen Schleife. Nach Belieben können Sie ein gepresstes Ahornblatt mit einer Widmung beschriften und als »Anhänger« zwischen die Physalis stecken.

Goldgelber Kürbisgugelhupf

Für 1 Gugelhupfform mit 24 cm Ø (ca. 14 Stücke), Haltbarkeit: ca. 4–5 Tage

ZUTATEN: 1 Hokkaido-Kürbis (ca. 500 g) • 1 walnussgroßes Stück Ingwer • ½ Vanilleschote • abgeriebene Schale und Saft von 2 Bio-Orangen • 250 g weiche Butter • 250 g Puderzucker • 5 Eier (Größe M) • 300 g Mehl • 2 geh. TL Backpulver • 3 EL Hagebuttenmus oder Aprikosenkonfitüre • 200 g Zartbitterkuvertüre • 2–3 EL Kürbiskerne • Butter und Mehl für die Form

...

MATERIAL: Krepppapier in 2 verschiedenen Fliedertönen • lila Bast • Stabmixer

Den Kürbis halbieren, Kerne entfernen und das Fruchtfleisch würfeln. Ingwer schälen und fein würfeln. Vanilleschote längs halbieren und das Mark herauskratzen. Den Kürbis mit Ingwer, Vanillemark und -schote, Orangensaft und -schale zugedeckt unter häufigem Rühren in ca. 20 Min. weich garen. Vanilleschote entfernen und den Kürbis mit dem Stabmixer pürieren. Backofen auf 175° (Ober- und Unterhitze) vorheizen.

Butter und Puderzucker cremig rühren. Die Eier unterschlagen und das abgekühlte Kürbispüree unterrühren. Mehl mit Backpulver mischen und rasch unterrühren. Den Teig in die mit Butter eingefettete und mit Mehl ausgestreute Form füllen und im Ofen (unten) in ca. 1 Std. goldbraun backen. Gugelhupf 10 Min. ruhen lassen und auf ein Gitter stürzen.

Das Mus oder die Konfitüre mit 2 EL Wasser erhitzen und den Gugelhupf damit bestreichen. Die Kuvertüre klein hacken, über einem heißen Wasserbad schmelzen und auf dem Gugelhupf verteilen. Die Kürbiskerne darüberstreuen und die Kuvertüre trocknen lassen.

Für die Deko schneiden Sie aus den beiden Krepppapieren mit einer Schere jeweils einen Kreis aus – den einen mit 29 cm, den anderen mit 31 cm Ø. Legen Sie den größeren Kreis auf den kleineren und setzen Sie den Gugelhupf mittig auf das Papier. Schlagen Sie die Papiere nach oben und fixieren Sie sie mit Bast am Gugelhupf.

Knuspriges Apfelmüsli

Für ca. 1,3 kg Müsli, Haltbarkeit: ca. 6 – 8 Wochen

ZUTATEN: 6 – 7 große, feste Äpfel (z. B. Elstar, Boskop) · 50 g Haselnüsse · 50 g Kürbiskerne · 100 g Mandelblättchen · 50 g Dinkelvollkornflocken · ½ TL Zimtpulver · 3 EL flüssiger Honig · 50 g Schmelzflocken

...

MATERIAL: Backpapier · Butterbrottüten · 1 Apfel mit Stiel · Pinsel · Deckfarben (grün und rot) · Filzstift · Motivpapier · Tonpapier · Holzwäscheklammern · Schere

Die Äpfel vierteln, schälen und die Kerngehäuse entfernen. Die Viertel in Würfel schneiden und auf einem mit Backpapier belegten Backblech oder Gitter verteilen. Das Blech in den Backofen (Mitte) stellen und einen Kochlöffelstiel in die Ofentür klemmen. Die Apfelwürfel bei 50° (Ober- und Unterhitze; Umluft nicht empfehlenswert) in 3 – 4 Std. trocknen, dabei immer wieder mal wenden. Noch einfacher geht das Trocknen natürlich mit einem Dörrgerät.

Die Haselnüsse und die Kürbiskerne grob hacken und mit den Mandelblättchen in einer großen Pfanne ohne Fett goldgelb rösten. Dann die Dinkelflocken kurz mitrösten. Sobald die Mischung aromatisch duftet, die Pfanne vom Herd nehmen und das Zimtpulver untermischen.

Den Honig in dünnen Fäden über dem Müsli verteilen. Die Schmelzflocken dazugeben und alles gut mischen. Das Müsli auf einem mit Backpapier ausgelegten Backblech verteilen und bei 50° (Ober- und Unterhitze) in ca. 1 Std. trocknen lassen. Das Müsli mit den getrockneten Apfelwürfeln mischen und abkühlen lassen. Das Müsli zum Aufbewahren in Gläser oder Plastikboxen füllen.

Zum Verschenken füllen Sie die Mischung in bedruckte Butterbrottüten. Halbieren Sie dafür einen kleinen Apfel, streichen Sie eine Schnittfläche samt Stiel mit Deckfarbe ein und drücken Sie sie auf die Tüten. Schneiden Sie nun aus Motivpapier kleine Streifen aus und bekleben Sie damit Holzwäscheklammern. Aus Tonpapier schneiden Sie Etiketten und beschriften sie mit dem Namen des Empfängers und vielleicht noch mit einem witzigen Hinweis. Mit den bunten Wäscheklammern verschließen Sie die Tüten und fixieren gleichzeitig die Etiketten.

macht müde Sportler munter!
und macht müde Sportler munter!

Rotwein-Orangen-Schalotten

Für 2 Gläser à ca. 400 ml, Haltbarkeit: 1 – 2 Monate

ZUTATEN: 500 g Schalotten · 1 rote Peperoni · 1 Zweig Rosmarin · 3 Zweige Thymian · 1 Bio-Orange · 60 g Zucker · 5 Wacholderbeeren · 2 Lorbeerblätter · Salz · 300 ml trockener Rotwein · 40 ml Rotweinessig · 40 ml Aceto balsamico

...

MATERIAL: 2 Einmachgläser (à 400 ml) · Stoffreste · Lederschnur oder Kordel · Anhänger · Schere

Die Schalotten schälen. Von der Peperoni den Stielansatz entfernen. Die Schote waschen und in Ringe schneiden. Die Kräuterzweige abbrausen und trocken schütteln. Die Orange heiß waschen und mit einem Messer hauchdünn schälen, halbieren und auspressen.

Den Zucker in einem Topf bei mittlerer Hitze goldgelb karamellisieren. Die Schalotten, die Kräuterzweige und die Gewürze dazugeben und mit dem Karamell mischen. Salzen und mit Wein, beiden Essigen und Orangensaft ablöschen. Die Orangenschale hinzufügen. Die Schalotten zugedeckt bei schwacher Hitze ca. 30 Min. köcheln lassen.

Gläser und Deckel ein paar Minuten in kochendes Wasser legen, herausnehmen und abtropfen lassen (→ Seite 13). Die heißen Schalotten samt Sud in die Gläser füllen, verschließen und mindestens 1 Tag durchziehen lassen.

Zum Verschenken schneiden Sie für Deckelhauben aus Stoffresten Kreise aus, deren Durchmesser 4 – 6 cm größer ist als die Deckel. Fransen Sie den Rand etwas aus und befestigen Sie den Stoff mit einer Lederschnur oder einer Kordel unter den Deckeln und fädeln Sie nach Belieben einen hübschen Anhänger (→ Seite 129) mit auf.

Herbststrauß mit Bestnoten

MATERIAL
1 vergrünte blaue Hortensienblüte · 2 weiße Rosen · 5–6 Zweige Rosmarin · 4–5 Bogen Notenpapier (je 2 zusammenhängende DIN-A4-Seiten) · Naturbast · Klebeband oder Masking-Tape · große Konservendose (ohne Banderole) · Paketschnur · Messer

Legen Sie die Blüten- und Kräuterstiele auf die Arbeitsfläche und entfernen Sie alle Blätter, die sich unterhalb der vorgesehenen Bindestelle befinden. So verhindern Sie, dass die Blätter später im Wasser faulen und den Strauß schneller welken lassen.

Nehmen Sie den Hortensienstiel in die Hand und stecken Sie die Rosen vorsichtig in der Mitte und seitlich durch die Blüte, sodass sie unterschiedlich hoch sind. Die Rosmarinzweige neben den Rosen ebenfalls durch die Hortensienblüte stecken.

Binden Sie die Stiele direkt unterhalb der Hortensienblüte straff mit Naturbast zusammen. Dann können Sie die Stiele mit einem nach unten ziehenden Messerschnitt auf die gewünschte Länge kürzen (abhängig von der Größe Ihrer Vase) – fertig ist der Strauß.

Jetzt wird der Strauß noch hübsch verpackt. Legen Sie dafür die Notenpapierbögen übereinander – das kann ruhig ein bisschen zwanglos sein. Umhüllen Sie den Strauß mit den Papieren und schieben Sie sie auf Höhe der Bindestelle so übereinander, dass eine trichterförmige Hülle entsteht, aus der die Blüten spitzen. Das Papier sollte die Stiele nur am Ansatz umhüllen, damit es sich später nicht mit Wasser vollsaugt.

Zum Schluss fixieren Sie das Papier an den überlappenden Stellen mit Klebeband oder dekorativem Masking-Tape – dieser stilvolle Strauß wird nicht nur Musikfreunde begeistern. Als originellen Abschluss stellen Sie den Strauß einfach in eine Konservendose. Schmücken Sie diese dezent, indem Sie sie mehrmals mit Paketschnur umwickeln und einen Anhänger (→ Seite 129) daran festbinden.

LANGE FREUDE AN SCHNITTBLUMEN

Ein sauberes Gefäß und täglich frisches Wasser – mit diesen einfachen Maßnahmen bleiben Ihre Schnittblumen lange frisch. Wenn Sie es ganz gut mit ihnen meinen, geben Sie noch 1 Schuss Essig und 1 Prise Zucker ins Wasser (der Essig hemmt die Bakterienbildung, der Zucker dient den Blumen als Nahrung). So können Sie sich lange an Ihrem Strauß erfreuen.

BROMBEER-ROTWEIN-
GELEE

Brombeer-Rotwein-Gelee

Für 5 Gläser à ca. 200 ml, Haltbarkeit: 5 – 6 Monate

ZUTATEN
800 g Brombeeren ·
Saft von ca. 2 Zitronen ·
1 Pck. Vanillezucker ·
ca. 750 ml trockener Rotwein ·
500 g Gelierzucker 2:1

...

MATERIAL
5 Schraubgläser (à 200 ml) ·
Motivpapier ·
Alleskleber · Schere ·
Filzstift

Die Brombeeren verlesen, waschen und auf Küchenpapier abtropfen lassen. Die Beeren, den Saft von 2 Zitronen, Vanillezucker und 150 ml Wein in einem Topf aufkochen und in 10 – 15 Min. weich kochen.

Die Gläser und Deckel ein paar Minuten in kochendes Wasser legen, herausnehmen und abtropfen lassen (→ Seite 13).

Die Beerenmischung mit einem Kochlöffel durch ein feines Sieb passieren. Die Flüssigkeit in einen Messbecher geben und mit dem restlichen Rotwein auf 1 l auffüllen.

Die Beeren-Wein-Mischung mit dem Gelierzucker in einen Topf geben, zum Kochen bringen und unter ständigem Rühren mindestens 5 Min. sprudelnd kochen. Falls sich dabei Schaum bildet, diesen mit dem Schaumlöffel abnehmen.

Nach 5 Min. Kochzeit die Gelierprobe machen. Dafür mit einem Löffel etwas Gelee auf einen kalten Teller geben. Falls der Klecks beim Neigen des Tellers zerläuft, den Saft von ½ Zitrone dazugeben und die Mischung noch einmal aufkochen lassen. Das heiße Gelee bis 1 cm unter den Rand in die Schraubgläser füllen. Die Gläser sofort verschließen.

Schneiden Sie aus Motivpapier Etiketten in beliebiger Größe und beschriften Sie sie mit Filzstift. Die Etiketten mit Alleskleber auf den Gläsern fixieren. Ein ganz besonderes Highlight: Verschenken Sie das Gelee in hübschen Henkeltüten aus handgeschöpftem Papier (→ Seite 133).

DUFTENDES BROMBEERGELEE

Ein ganz besonderes Aroma bekommt das Gelee, wenn Sie zum Schluss 2 – 3 Duftgeranienblätter ein paar Minuten mitköcheln.

Würziger Quittensenf

Für 5 Gläser à ca. 100 ml, Haltbarkeit: 5 – 6 Monate

ZUTATEN
1 Zitrone · 1 grüne Kardamomkapsel · 500 g Quitten · 3 Gewürznelken · 75 g Zucker · ½ TL Salz · 100 ml Quittensaft oder klarer Apfelsaft · 75 ml Weißweinessig · 15 g gelbes Senfmehl

...

MATERIAL
5 Schraubgläser (à 100 ml) · 1 schöne Quitte · Metallbox · Stoffreste · Zackenschere · Nähgarn · Stabmixer

Die Zitrone heiß waschen, trocken reiben und mit dem Sparschäler dünn schälen. Halbieren und den Saft auspressen. Die Kardamomkapsel mit einer Messerklinge leicht quetschen.

Den Flaum der Quitten mit einem Tuch abreiben. Die Quitten vierteln, schälen und die Kerngehäuse entfernen. Die Viertel in grobe Stücke schneiden und mit Zitronenschale, -saft, Kardamomkapsel, Gewürznelken, Zucker und Salz in einen Topf geben. Quittensaft und Essig hinzufügen und die Quitten zugedeckt in 30 – 40 Min. weich kochen. Zwischendurch immer wieder umrühren, damit sich der Zucker auflöst.

Die Gläser und Deckel ein paar Minuten in kochendes Wasser legen, herausnehmen und abtropfen lassen (→ Seite 13).

Den Topf vom Herd nehmen, Gewürznelken, Kardamom und Zitronenschale entfernen. Das Quittenmus mit dem Stabmixer fein pürieren.

Das Senfmehl und das Quittenmus in einer großen Schüssel mit einem Kochlöffel 5 – 7 Min. verrühren – je länger man rührt, desto fester wird der Senf.

Den Quittensenf in die Gläser füllen und an einem dunklen Ort 2 – 3 Wochen ziehen lassen, damit er sein Aroma und seine Schärfe voll entwickeln kann.

Zum Verschenken schneiden Sie aus Stoffresten mit der Zackenschere Kreise aus, deren Durchmesser 4 – 6 cm größer ist als die Deckel. Den Stoff mit Nähgarn unter den Deckeln festbinden. Eine Quitte mit Nähgarn umwickeln und mit einem Senfglas in eine Metallbox geben.

INTERESSANTES DEKOPAPIER

Um Deckel zu verschönern, brauchen Sie nicht extra Papier zu kaufen. Stöbern Sie in Zeitschriften oder Prospekten, da findet man häufig hübsche und passende Farbkombinationen und Muster.

Quittensenf
RIS INS.
künstlerischer Be-
dieser bemerkens
des Formgebers
Präraffaeliten-B
langte. Seiner Fr
erlesenen Stick
inspiriert.
dinnen gibt es viel
in aller Welt foto
schillernden Persönlic
nmer wieder in unseren Katalogen

Immergrünes Hortensienherz

MATERIAL: 2 dicke blau geglühte Steckdrähte (ca. 1,2 × 50 mm) · grünes Floristentape · 1 – 2 vergrünte Hortensienblüten · grüner Myrtendraht · naturfarbenes stabiles Papier · weißer Bast · Buchstabenstempel · schwarzes Stempelkissen · schmales Masking-Tape · Schere · Locher

Legen Sie alle Materialien auf der Arbeitsfläche bereit. Formen Sie als Erstes aus den beiden Steckdrähten ein Herz und verdrillen Sie die Drähte an den Überlappungsstellen. Umwickeln Sie nun das Drahtherz mit Floristentape – so kann der Draht nicht rosten und unschöne Flecken verursachen.

Teilen Sie die Hortensienblütendolden in viele gleichmäßige Teile. Schlingen Sie den Myrtendraht an einer Stelle mehrmals um das Drahtherz, sodass er fest sitzt, und lassen Sie das Ende überstehen. Wickeln Sie nun die Blüten an den kleinen Stielen sträußchenweise dicht an dicht auf das Herz. Ziehen Sie den Draht dabei so straff wie möglich, denn durch das Trocknen verlieren die Blüten sehr viel Volumen. Sind sie zu locker auf dem Herz fixiert, rutschen die Stiele aus den Drahtschlingen und das Herz löst sich auf.

Die Stiele der letzten Blüten schneiden Sie so kurz, dass sie die letzte Lücke schließen, wenn sie eingebunden sind, und die Drahtunterlage und den Myrtendraht verdecken. Zum Schluss biegen Sie den Myrtendraht zu einer Schlaufe, stecken das Endstück hindurch und verdrehen alles miteinander.

Schneiden Sie mit der Schere ein Papierkärtchen in der gewünschten Größe aus und lochen Sie es an einer Schmalseite. Stempeln Sie Ihre Botschaft auf das Papierstück und kleben Sie eine Blüte mit Masking-Tape dazu. Fädeln Sie das Kärtchen auf den Bast und binden Sie es an das Herz. Nach Belieben können Sie das Herz auf eine Schieferplatte binden.

Zwetschgenschnecken

Für ca. 800 g Fruchtschnecken, Haltbarkeit: einige Monate in einer Plastikbox

ZUTATEN: 1 kg Zwetschgen · 2 – 4 EL Zucker · 1 Zimtstange · 3 Gewürznelken

...

MATERIAL: Butterbrottüten · pinkfarbener Bast · lange Holzspieße · stabiles Papier · Filzstift · Buntstifte · Klebeband · Stabmixer · Backpapier · Teigschaber

Die Zwetschgen waschen, längs halbieren und entkernen. Zwetschgen mit Zucker, Zimtstange und Gewürznelken in einem Topf zugedeckt in ca. 30 Min. weich kochen.

Den Backofen auf 70° Umluft (80° Ober- und Unterhitze) vorheizen. Dann die Gewürze entfernen und das heiße Kompott mit dem Stabmixer fein pürieren. Die Hälfte des Muses auf zwei mit Backpapier belegte Backbleche verteilen und mit dem Teigschaber glatt streichen. Die Backbleche in den Ofen schieben und einen Kochlöffel in die Tür klemmen, damit Dampf entweichen kann. Das Zwetschgenmus 2 – 2½ Std. trocknen, bis es fest ist und sich nicht mehr klebrig anfühlt.

Die Bleche aus dem Ofen nehmen. Die Fruchtmasse auf den Papieren vom Blech ziehen und abkühlen lassen. Das restliche Mus auf die beiden mit Backpapier ausgelegten Bleche verteilen, glatt streichen und ebenfalls im Ofen trocknen lassen.

Die Fruchtmasse in ca. 3 cm breiten Streifen vom Backpapier abziehen (ohne Schneiden, die Masse reißt leicht ein) und aufrollen. Je 6 – 7 Schnecken auf einen Holzspieß stecken.

Malen Sie Zwetschgen und Schnecken auf stabiles Papier (Vorlage → Seite 134). Schneiden Sie Ihre Motive in beliebiger Form aus und befestigen Sie die Rückseite der Etiketten mit Klebeband an den Holzspießen. Oder Sie bemalen Butterbrottüten mit Zwetschgen und Schnecken, legen die Spieße hinein und binden die Tüten mit pinkfarbenem Bast zu.

Fruchtige Sanddornbonbons

ZUTATEN: 300 g Sanddornbeeren oder ungesüßtes Sanddornmus (Bioladen) · 300 g Zucker · 1 EL Zitronensaft

...

MATERIAL: 2 kg Zucker zum Formen · 1 Korken · 2 – 3 Bogen Zellophanfolie · Klebeband · 1 Bonbonglas oder 3 – 4 Zellophantüten · buntes Band · stabiles Papier · buntes Papier · Stifte · Masking-Tape

Die Sanddornbeeren verlesen, waschen und abtropfen lassen. In einem Topf zugedeckt in ca. 20 Min. weich kochen.

Die Beeren mit dem Stabmixer fein pürieren. Den Zucker untermischen und die Mischung ohne Deckel in ca. 40 Min. unter gelegentlichem Rühren dickflüssig einkochen lassen.

Den Zucker zum Formen gleichmäßig auf den Backblechen verteilen und mit einem Korken runde Vertiefungen hineindrücken (die Mulden sind die Bonbonformen). Den Zitronensaft unter das Sanddornmus mischen. Die Masse mit einem Löffel in die Mulden tröpfeln und in ca. 3 Tagen trocknen lassen. Dann die Bonbons mit dem Zuckerbett mischen, sodass sie rundherum gezuckert sind.

Zum Verpacken schneiden Sie die Zellophanfolie in ca. 5 × 7 cm große Streifen und wickeln die Bonbons einzeln darin ein. Fixieren Sie die Folie mit Klebeband. Zum Verschenken können Sie die Bonbons in hübsche Gläser oder in Zellophantüten geben, die Sie mit einem Band verschließen.

Als Etikett(en) skizzieren Sie Bonbons auf stabiles Papier (Vorlage → Seite 134), schneiden sie aus und kleben sie auf bunte Papierstreifen. Nach Lust und Laune entweder mit Masking-Tape auf das Glas kleben oder lochen und an dem Band befestigen.

Omas Zwetschgenmus

Für 6 Gläser à ca. 200 ml, Haltbarkeit: 5 – 6 Monate

ZUTATEN: 1,5 kg vollreife Zwetschgen · 250 g Zucker · 1 Zimtstange · 6 EL Amaretto

...

MATERIAL: 6 Schraubgläser (à 200 ml) · evtl. Stabmixer · Zeitschriften · weißes kariertes Papier · schwarzes Tonpapier · Klebestift · Schere · Filzstifte

Am Vortag die Zwetschgen waschen, längs halbieren und entkernen. Zwetschgen, Zucker und Zimtstange in einem großen ofenfesten Topf oder Bräter mischen und zugedeckt über Nacht (mindestens mehrere Stunden) ziehen lassen.

Am Zubereitungstag den Backofen auf 130° (Ober- und Unterhitze) vorheizen. Die Gläser und Deckel ein paar Minuten in kochendes Wasser legen, herausnehmen und abtropfen lassen (→ Seite 13). Den Topf (ohne Deckel) in den Ofen stellen (Mitte oder unten, je nach Höhe des Gefäßes) und einen Kochlöffel in die Ofentür klemmen, damit Dampf entweichen kann. Die Zwetschgen 1 ½ Std. sämig einkochen lassen. Wichtig: Jetzt nicht mehr umrühren, sonst brennt das Mus an!

Anschließend das Mus auf dem Herd sprudelnd aufkochen, nach Belieben mit dem Stabmixer pürieren und sofort in die Gläser füllen. Jeweils 1 EL Amaretto daraufgeben und die Gläser mit den Deckeln verschließen.

Für die Etiketten schneiden Sie einzelne Buchstaben aus Zeitschriften aus und kleben sie mit Klebestift auf kariertem Papier neu zusammen. Schneiden Sie die Wörter aus und kleben Sie sie auf schwarzes Tonpapier. Wer mag, kann auch einen Teil des Textes mit Filzstiften gestalten. Die Etiketten fixieren Sie entweder mit Klebestift direkt auf den Einmachgläsern, oder Sie wickeln die Gläser in Geschenkpapier (→ Seite 130) und befestigen die Etiketten mit farblich passenden Büroklammern daran.

ZWETSCHGENMUS
MIT AMARETTO

DIE NATUR MACHT PAUSE

Winter

Adventspost für die Familie

MATERIAL: 1 Standard-Briefumschlag · 1 Postkarten-Briefumschlag · 14 Blatt Papier in Natur- und hellen Grüntönen · 10 kleine Schachteln (unterschiedliche Größen) · Packpapier · Paketschnur · Briefmarken mit Poststempel (ausgeschnitten) · 2 Obstbaumzweige (à ca. 1,2 m lang) · 1 Mistelzweig · zweifarbige Baumwollschnur · Moosgummi (kleine Plattenreste) · Stempelkissen mit heller Farbe · Klebestift · Schere · Lineal · Bleistift

Als Erstes basteln Sie die Umschläge für die Adventspost. Trennen Sie dafür die beiden Kuverts an den Klebestellen auf und verwenden Sie sie als Schablone. Tragen Sie die Umrisse auf verschiedene Papiere auf und schneiden Sie sie aus – Sie benötigen 6 große und 8 kleine Kuverts. Falten Sie nun die Umschläge und kleben Sie sie mit Klebestift zusammen.

Füllen Sie die Kuverts und die Schachteln mit kleinen Überraschungen für Ihre Lieben. Die Schachteln wickeln Sie in Packpapier, das Sie mit zweifarbiger Baumwollschnur fixieren. Die Umschläge lochen Sie oben in der Mitte und fädeln Paketschnur durch.

Für die Nummerierung der Umschläge und Päckchen entwerfen Sie am Computer die Zahlen 1 – 24 in großer Typo, in verschiedenen Schriftarten und mit reichlich Abstand. Drucken Sie die Zahlen auf Papier aus. Dann ziehen Sie zwischen den Zahlen mit Lineal und Bleistift Linien und schneiden sie als Rechtecke aus. Kleben Sie die Briefmarken auf die Kuverts und Päckchen und darauf die ausgedruckten Zahlen.

Ab geht die Post: Als Poststempel schneiden Sie aus Moosgummi einen Stern aus. Drücken Sie den Stern ins Stempelkissen und stempeln Sie die Post ab.

Zum Schluss binden Sie zunächst die beiden Zweige mit Paketschnur über Kreuz zusammen und den Mistelzweig daran fest. Hängen Sie die Zweige an einen Haken an der Decke oder an zwei Wandhaken. Binden Sie die Päckchen und Umschläge mit Paketschnur so an die Zweige, dass sie im Gleichgewicht bleiben.

3
16
2
6
8
18
24
SAN MARINO
10
19
14
VICTORIA FALLS
ENTRY
02 JAN 200
15
21

Süße und pikante Nüsse

ZUTATEN FÜR SÜSSE NÜSSE: 400 g Haselnüsse • 2 EL Instant-Cappuccinopulver • 1 TL Zimtpulver • 150 g Puderzucker

...

ZUTATEN FÜR PIKANTE NÜSSE: 100 g Mandeln • 150 g Walnusshälften • 50 g geröstete geschälte Pistazien • ½ TL Salz • 2 TL Wasabipulver • 1 – 2 TL Chilipulver • ½ TL Paprikapulver (rosenscharf)

...

MATERIAL: Mini-Backformen aus Pappe • Krepppapier in verschiedenen Farben • Schnur oder Band • Papier • Wasserfarben oder roter Buntstift • Schere • Locher • Klebestift

Für süße Nüsse den Backofen auf 180° (Ober- und Unterhitze) vorheizen. Die Haselnüsse auf einem Backblech verteilen und im Ofen (Mitte) ca. 10 Min. rösten. Die heißen Nüsse auf ein Küchentuch geben. Das Tuch darüberschlagen und die Haut der Nüsse abrubbeln.

In einer Pfanne 150 ml Wasser, Cappuccinopulver, Zimt und Puderzucker erhitzen, bis der Zucker geschmolzen ist. Die Nüsse hinzufügen und so lange rühren, bis die Flüssigkeit verdunstet ist. Die Nüsse auf Backpapier trocknen lassen.

Für herzhafte Nüsse Mandeln und Walnüsse in einer Pfanne ohne Fett rösten, bis sie duften. Die Pistazien kurz mitrösten. Die Mischung auf einem Teller abkühlen lassen.

In einer Pfanne 150 ml Wasser mit Salz und den Gewürzen erhitzen, bis sich das Salz auflöst. Die Nussmischung hinzufügen und so lange rühren, bis die Flüssigkeit verdunstet ist. Die Nüsse auf Backpapier trocknen lassen.

Zum Verschenken kopieren Sie als Anhänger kleine Herzen (Vorlage → Seite 135) und malen sie rot aus. Schneiden Sie die Herzen aus und lochen Sie sie. Kleben Sie dann in den Papierbackförmchen innen unter den Rand einen 15 cm breiten Krepppapierstreifen – seine Länge richtet sich nach dem Umfang der Förmchen. Füllen Sie die Nüsse ein, binden Sie das Papier mit einer Schnur oder einem Band zusammen und fädeln Sie dabei ein paar Herzen mit auf.

Fitness-Massageöl

Für 4 Flaschen à ca. 125 ml, Haltbarkeit: 1 – 2 Monate (kühl und dunkel lagern)

ZUTATEN: 1 Bio-Zitrone • 1 Stück Ingwer (ca. 5 cm) • 10 g Rosmarinnadeln • 20 g Wacholderbeeren • 15 g Fenchelsamen • ½ l kalt gepresstes Sonnenblumenöl

• • •

MATERIAL: 4 dunkle Flaschen (à 125 ml) • großes Schraubglas • dünne Efeuzweige oder andere Zweige • buntes Papier • mintgrünes Krepppapier • Buntstifte in verschiedenen Grüntönen • Efeufrucht • Efeuzweig • grüner Schmuckdraht • Kaffeefilter

Die Zitrone heiß waschen, trocken reiben und die Schale dünn abschneiden. Den Ingwer schälen und in Scheiben schneiden. Zitronenschale, Ingwer, Rosmarin, Wacholderbeeren und Fenchel fein hacken. Alle Zutaten mit dem Öl in ein großes Schraubglas füllen und auf der Fensterbank ca. 2 Wochen ziehen lassen. Das Glas täglich schütteln. Dann das Öl durch einen Kaffeefilter gießen und in dunkle Flaschen füllen.

Für den RELAX-Anhänger können Sie eine Vorlage (→ Seite 134) auf weißes Papier kopieren und mit etwas Rand ausschneiden. Schraffieren Sie die Fläche zwischen den Buchstaben in Grüntönen.

Als kleine Deckelhaube schneiden Sie aus buntem Papier ein Rechteck von ca. 10 × 10 cm. Wickeln Sie es um den Flaschendeckel und fixieren Sie es mit Schmuckdraht. Stechen Sie den Anhänger mit dem Draht durch und binden Sie ihn mit einer Efeufrucht an die Flasche.

Alternativ können Sie an die Flasche eine Papierblüte binden. Dafür schneiden Sie aus Krepppapier einen 5 × 40 cm großen Streifen. Falten Sie diesen von einer Schmalseite aus ziehharmonikaartig im 3-cm-Abstand. Schneiden Sie das Papier an einer offenen Seite zum Halbkreis. Wickeln Sie die gerade offene Seite straff mit Schmuckdraht um einen Efeuzweig. Bringen Sie die Papierblüte zum Erblühen, indem Sie die äußeren Blütenblätter nach außen biegen.

Klassischer Eiben-Türkranz

MATERIAL: 3 große Eibenzweige · Drahtkranz (ca. 24 cm Ø) · ca. 1 m Textilband · Wickeldraht · Gartenschere · Drahtschere · Schere

Schneiden Sie die Eibenzweige mit der Gartenschere in ca. 7 cm lange Stücke. Schlingen Sie den Wickeldraht ein paarmal fest um den Drahtkranz und lassen Sie dabei das Anfangsstück ca. 10 cm überstehen.

Nun fassen Sie die Zweige zu kleinen Bündeln zusammen und wickeln das erste an den Stielen mit Draht fest auf den Drahtkranz. Legen Sie das nächste Eibenbündel dachziegelartig überlappend darauf und wickeln Sie es ebenfalls fest auf den Kranz. Mit den übrigen Bündeln ebenso verfahren, bis die Drahtunterlage ganz bedeckt ist. Damit die Außenseite schön dicht und gleichmäßig wird, legen Sie außen mehr Zweige an als innen (der äußere Umfang des Kreises ist größer als der innere). Sehr lebendig wirkt der Kranz, wenn Sie immer wieder mal ein paar längere Zweige mit einbinden.

Die Zweige des letzten Bündels schneiden Sie so kurz, dass sie gerade unter die Anfangszweige passen und die Drahtunterlage damit ganz bedeckt ist. Schneiden Sie den Wickeldraht mit der Drahtschere ab, biegen Sie ihn zu einer Schlaufe und fädeln Sie auf der Rückseite das Anfangsstück hindurch. Verdrehen Sie die beiden Drähte fest miteinander und stecken Sie die Enden in den Eibenkranz, damit man sich nicht daran verletzen kann.

Der edle Kranz wirkt am besten mit einer schlichten Deko: Schlingen Sie ein hübsches Band zweimal locker um den Kranz und schneiden Sie die Enden unterschiedlich lang ab.

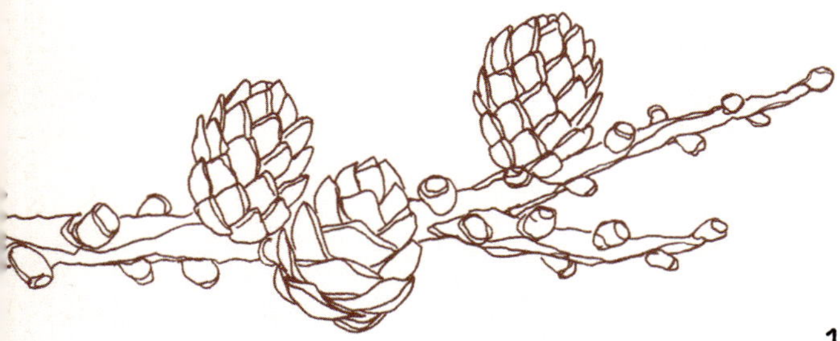

39

Erkältungsölbad mit Thymian

ZUTATEN: 100 ml Mandelöl (Apotheke oder Bioladen) · 1 große Handvoll Thymianzweige · 1 Handvoll Fichtennadeln · 5 Tropfen ätherisches Eukalyptus- oder Kiefernöl · 100 g grobes Meersalz

...

MATERIAL: dekoratives Glas (ca. 200 ml) · Schraubglas · weicher, warmer Stoffrest (z. B. Filz oder Loden) · Wollgarn · Knopf oder bunte Sicherheitsnadeln · stabiles Papier · Filzstift · Buntstifte · Schere

Das Mandelöl in ein Schraubglas füllen. Die Thymianblättchen abstreifen und mit den Fichtennadeln fein hacken. Beides mit dem ätherischen Öl unter das Mandelöl rühren und die Mischung auf der Fensterbank 3–4 Tage ziehen lassen.

Das Öl durch ein feines Sieb in eine Schüssel gießen. Das Meersalz dazugeben und unterrühren. Die feuchte Meersalzmischung in ein dekoratives Glas füllen.

Zum Verschenken packen Sie das Erkältungsölbad warm ein: Wickeln Sie dafür das Glas in ein Stück kuscheligen warmen Stoff – entweder komplett bis zum Deckel, oder Sie schneiden einen schmalen Streifen zu und legen ihn um das Glas. Fixieren Sie die Umhüllung mit Wollgarn, das Sie mehrmals um das Glas wickeln. Fädeln Sie einen Knopf auf das Garn und verknoten Sie die Enden hinter dem Knopf.

Ein stilisiertes Fieberthermometer macht das Geschenk für den Krankenbesuch perfekt. Skizzieren Sie dafür auf stabilem Papier mit schwarzem Filzstift ein Fieberthermometer (Vorlage → Seite 134) und zeichnen Sie mit rotem Stift eine Quecksilbersäule ein. Das Thermometer ausschneiden und unter die Wollschnur stecken. Oder Sie schreiben einen Genesungswunsch auf einen Streifen Papier und fixieren ihn mit bunten Sicherheitsnadeln auf der Wollumhüllung.

Goldene Ahornblätter

MATERIAL
5–10 Ahornblätter mit Herbstfärbung · ca. 10 g goldfarbenes Schlagmetall · 1 Zweig · Sprühkleber · Borstenpinsel · Faden · Zeitungspapier

Legen Sie die Ahornblätter zwischen mehrere Schichten loses Zeitungspapier und lassen Sie sie ein paar Tage trocknen. Die Blätter können sich zwischen den lockeren Papierschichten nicht zusammenrollen, behalten aber ihre Wölbungen und sehen dadurch natürlicher aus.

Legen Sie auf Ihrem Arbeitstisch Zeitungspapier als Unterlage aus. Besprühen Sie die Blätter nacheinander dünn mit Kleber und tupfen Sie das hauchdünne Schlagmetall sofort mit einem trockenen Borstenpinsel darauf. Arbeiten Sie dabei nicht allzu akkurat, unregelmäßig aufgetragene Flächen haben einen besonderen Charme.

Hängen Sie die vergoldeten Blätter am Stiel mit Faden an die Zweige. Oder verwenden Sie sie als ganz besondere Anhänger – am besten wirken sie auf einfarbigem Geschenkpapier.

GLÄNZENDE NATUR

Auch andere Blätter oder natürliche Objekte – etwa das Krönchen eines Granatapfels oder ein verwittertes Brett – können Sie mit Schlagmetall ganz einfach veredeln und für Dekozwecke verwenden.

Bratapfellikör mit Marzipan

Für 4 Flaschen à ca. 200 ml, Haltbarkeit: 4 – 5 Monate (dunkel lagern)

ZUTATEN: 1 EL weiche Butter · 4 säuerliche Äpfel (z. B. Boskop) · 50 g Marzipanrohmasse · 1 Vanilleschote · 100 g Rosinen · 750 ml Obstbrand · 400 ml Apfelsaft · 200 g Rohrohrzucker

...

MATERIAL: 4 Flaschen mit Verschluss (à 200 ml) · goldener Lackstift · stabiles farbiges Papier · Apfelstempel · Stempelfarbe · dunkler Bast · Klebestift · ofenfeste Form · Kerngehäuseausstecher · Kaffeefilter · Trichter · Schere · Locher · Klebestift

Den Backofen auf 180° (Ober- und Unterhitze) vorheizen. Eine ofenfeste Form mit Butter einfetten. Die Äpfel waschen und die Kerngehäuse ausstechen, in die Form setzen und im Ofen (Mitte) ca. 20 Min. backen, bis die Schalen leicht einreißen (die Äpfel sollen nicht zerfallen).

Das Marzipan in kleine Würfel schneiden. Die Vanilleschote längs aufschneiden und das Mark herauskratzen. Die heißen Äpfel mit dem Marzipan, dem Vanillemark und den Rosinen in einen Topf oder eine Schüssel geben und mit dem Obstbrand auffüllen. Die Äpfel sollen ganz mit Obstbrand bedeckt sein. Die Äpfel zugedeckt (Deckel oder Frischhaltefolie) an einem dunklen Ort 2 – 3 Wochen ziehen lassen.

Den Apfelsaft mit dem Zucker köcheln, bis sich der Zucker aufgelöst hat. Den Saft abkühlen lassen. Die Äpfel aus dem Obstbrand heben und die Flüssigkeit durch einen Kaffeefilter gießen. Dann mit dem Saft mischen und den Likör mithilfe eines Trichters in die Flaschen füllen. An einem dunklen Ort lagern.

Zum Verschenken tupfen Sie auf die Flaschen mit Lackstift Ornamente, z. B. Sterne, Schneekristalle oder einfach nur Punkte. Schneiden Sie aus stabilem farbigem Papier ein Rechteck (ca. 6 × 4 cm), runden Sie die Ecken ab und lochen Sie eine Schmalseite. Bestempeln oder bemalen Sie ein Stück Papier (ca. 5 × 3 cm) mit einem oder mehreren Äpfelchen (Vorlage → Seite 134) und kleben Sie es auf das Rechteck.

Fädeln Sie den Anhänger auf dunklen Bast, wickeln Sie diesen mehrmals um den Flaschenhals und fixieren Sie ihn mit einem Knoten.

PUR ODER GEMISCHT

Bratapfellikör ist eine wunderbare Köstlichkeit nach einem Spaziergang in der kalten Luft – genießen Sie ein Gläschen pur oder als i-Tüpfelchen in heißem Früchtetee.

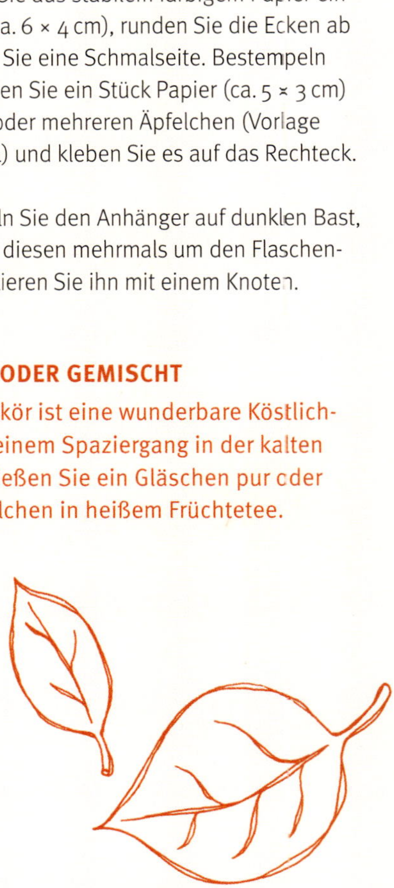

Feines Rote-Bete-Relish

Für 3 Gläser à ca. 300 ml, Haltbarkeit: 5 – 6 Monate

ZUTATEN: 1 rote Zwiebel · 600 g Rote Bete · 1 säuerlicher Apfel · 100 g Rohrohrzucker · Saft von ½ Orange · 8 Nelken · 1 Lorbeerblatt · 300 ml Apfelessig · 1 Stück frischer Meerrettich (ca. 40 g) · Salz · Pfeffer

...

MATERIAL: 3 Schraubgläser (à 300 ml) · Küchenreibe · Einweghandschuhe · gestreiftes Seidenpapier · Aquarellpapier · Buchstabenstempel · Stempelfarbe · Schnürsenkel · Schere

Die Zwiebel schälen, halbieren und in sehr feine Ringe schneiden. Die Roten Beten schälen und auf der Küchenreibe oder mit der Küchenmaschine grob raspeln. Tragen Sie dabei am besten Einweghandschuhe, denn der Saft der Roten Bete färbt stark! Den Apfel vierteln, schälen und das Kerngehäuse entfernen. Das Fruchtfleisch ebenfalls grob raspeln.

In einem Topf den Zucker bei mittlerer Hitze karamellisieren und mit dem Orangensaft ablöschen. Die Zwiebelstreifen dazugeben und glasig dünsten. Rote Bete, Apfel, Gewürze und Essig hinzufügen und alles zugedeckt ca. 15 Min. köcheln, bis die Roten Beten weich sind.

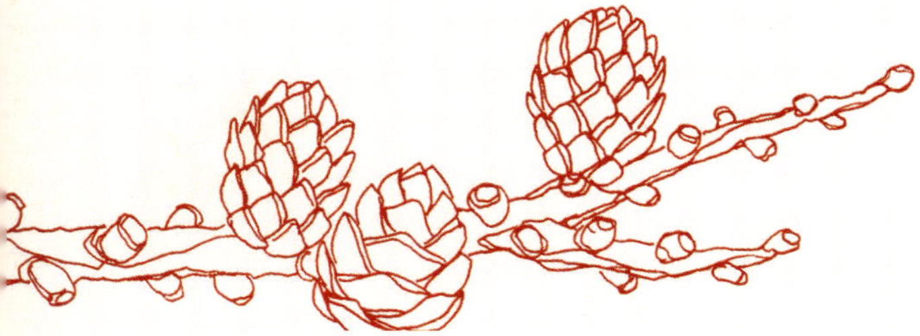

Die Gläser und Deckel in kochendem Wasser sterilisieren (→ Seite 13).

Den Meerrettich schälen, fein reiben und unter das Relish mischen. Mit Salz und grob gemahlenem Pfeffer kräftig würzen. Das Relish heiß in die Schraubgläser füllen und verschließen. Rote-Bete-Relish passt sehr gut zu dunklem Brot und Käse.

Zum Verschenken schneiden Sie aus Seidenpapier eine Deckelhaube, deren Durchmesser 4 – 6 cm größer ist als der Deckel. Schneiden Sie außerdem als Anhänger aus Aquarellpapier ein Rechteck. Schrägen Sie die Ecken an einer Schmalseite ab und lochen Sie diese Seite in der Mitte. Drucken Sie mit Buchstabenstempeln den gewünschten Text auf das Papier. Binden Sie die Deckelhaube mit einem Schnürsenkel am Glas fest und knoten Sie den Anhänger daran.

FROM
ME
TO YOU

Chocolate Truffles

Schokoladige Maronen-Trüffel

Für ca. 30 Trüffel, Haltbarkeit: 1–2 Wochen

ZUTATEN: 330 g weiße Kuvertüre · 170 g Zartbitterkuvertüre · 80 g Sahne · 40 g Maronenpüree (Feinkostabteilung oder selbst gemacht) · 30 dunkle Hohlkugeln (Internethandel)

...

MATERIAL: Einwegspritzbeutel · Pralinengabel · Pralinengitter · Backpapier · kleine Papiertüte · stabiles Papier · Paketschnur · Schere · Locher

Für die Füllung 120 g weiße Kuvertüre grob hacken. Die Sahne aufkochen, vom Herd nehmen und die Kuvertüre darin schmelzen. Dann das Maronenpüree unterrühren. Die Füllung etwas abkühlen lassen und in einen Spritzbeutel füllen. Mit einer Schere die Spitze abschneiden und die Füllung in die Hohlkugeln drücken. Die Kugeln ca. 3 Std. kühl stellen.

Die restliche weiße und die Zartbitterkuvertüre hacken und jeweils in einer Schüssel über einem heißen Wasserbad schmelzen. Etwas weiße Kuvertüre in einen Spritzbeutel füllen und die Öffnungen der Pralinen mit Kuvertüre verschließen.

Die Hälfte der Kugeln mit der Pralinengabel in die weiße, die andere Hälfte in die dunkle Kuvertüre tauchen und auf ein Pralinengitter setzen. Sobald die Kuvertüre fest zu werden beginnt, die Pralinen mit der Gabel auf dem Gitter hin- und herrollen, sodass kleine Kuvertürespitzen entstehen. Die Pralinen auf Backpapier ca. 1 Std. trocknen lassen.

Zum Verschenken geben Sie weiße und dunkle Trüffel in eine hübsche Papiertüte. Als Anhänger können Sie die Vorlage (→ Seite 135) auf stabiles Papier kopieren, schneiden den Kreis aus und lochen ihn oben oder gestalten selbst einen Anhänger. Lochen Sie auch die Papiertüte und binden Sie den Anhänger mit Paketschnur daran.

Herzhaftes Suppengewürz

Für ca. 200 g, Haltbarkeit: bis zu 1 Jahr (gut verschlossen)

ZUTATEN: 3 große Möhren • ½ Knollensellerie • 1 Petersilienwurzel • 1 Knoblauchzehe • ½ Stange Lauch • 1 Bund Petersilie • 2 – 3 Stängel Liebstöckel • 50 g Salz

...

MATERIAL: 4 hohe Weckgläser (à 150 ml) • dunkles Tonpapier • Rebdraht • weißer Buntstift • Buchstabennudeln • Klebestift • evtl. Holzkochlöffel • Stabmixer oder Küchenmixer • Gefrierbeutel

Das Wurzelgemüse und den Knoblauch schälen und in grobe Stücke schneiden. Den Lauch putzen, waschen und ebenfalls in Stücke schneiden. Petersilie und Liebstöckel waschen, trocken schütteln und die Blätter abzupfen. Die Zutaten mit dem Stabmixer oder im Küchenmixer fein pürieren und mit dem Salz mischen.

Das Püree ca. 1 ½ cm dünn auf zwei mit Backpapier ausgelegte Backbleche streichen. Die Bleche in den Ofen schieben und das Püree bei 50° (Ober- und Unterhitze) in 7 – 8 Std. trocknen lassen.

Das Gemüsegranulat in einem Gefrierbeutel mit dem Nudelholz zerdrücken und in die Gläser füllen.

Zum Verschenken schneiden Sie aus Tonpapier Banderolen aus, die ganz um die Gläser passen. Zeichnen Sie mit weißem Stift jeweils einen Suppentopf darauf (Vorlage → Seite 134) und kleben Sie mit Klebestift Buchstabennudeln als Füllung hinein. Befestigen Sie das Etikett mit Rebdraht an den Gläsern. Verschenken Sie das Suppengewürz nach Belieben mit einem Holzkochlöffel, den Sie unter den Draht stecken.

SOUP

TIME
MERRY CHRISTMAS

Weihnachtstee mit Apfel

Für 10 – 15 Teebeutel, Haltbarkeit: einige Monate

ZUTATEN: 1 Apfel · 1 Bio-Orange · ½ Zimtstange · 2 Gewürznelken · 10 g Hagebuttenschalen (Bioladen) · 5 g getrocknete Malvenblüten (Bioladen)

...

MATERIAL: 10 – 15 Einwegteebeutel · Teeschachtel · Zestenreißer · weißes Tonpapier · grüner Zwirn · 1 kleines Stück Karton · graue Sprühfarbe · Buntstifte · Nähnadel · Schere · Klebestift

Den Apfel waschen, vierteln und die Kerngehäuse entfernen. Die Viertel in 1 cm große Würfel schneiden. Die Orange heiß waschen und die Schale mit dem Zestenreißer abziehen. Apfelstückchen und Orangenschale im Backofen oder Dörrgerät trocknen (→ Seite 80). Dann die Zimtstange und die Nelken im Mörser zerstoßen. Die Äpfel, Orangenschale, Gewürze, Hagebuttenschalen und Malvenblüten mischen.

Nun fertigen Sie eine Schablone für die Teebeutel an: Kopieren Sie einen Tannenbaum (er sollte etwas kleiner sein als die Teebeutel; Vorlage → Seite 135) und schneiden Sie ihn aus. Legen Sie diese Schablone auf die Teebeutel und ziehen Sie die Form mit Bleistift nach. Dann nähen Sie mit grünem Garn in kleinen Stichen entlang der Bleistiftlinie – beginnen Sie dabei an der Spitze und lassen Sie die letzten 3 cm offen. Ausfädeln und je ca. 15 cm Zwirn hängen lassen.

Schneiden Sie die Tannenbäumchen mit ½ cm Nahtzugabe aus. Füllen Sie die Beutelchen mit dem Tee. Nähen Sie die Öffnungen zu und lassen Sie oben je 6 cm Faden hängen.

Zum Verschenken können Sie Sterne, Teekannen, Tassen (Vorlagen → Seite 134/135), kopieren, ausmalen und ausschneiden. Mit der Nadel durch die Motive stechen, den Faden der Teebeutel durchfädeln und verknoten. Dann besprühen Sie eine Teeschachtel mit Farbe und bekleben sie mit weiteren Motiven. Die Teebeutel in die Schachteln legen.

BESTER
RLANDER
MWOLLZWIRN
ART GRIP

GESCHENKE IN SZENE GESETZT

Das Finish

APRIKOSE-MELONE
HANDMADE
MMMHH

Angehängt und aufgeklebt

Ein kreativer Anhänger, ein liebevoll gestaltetes Etikett oder ein kunstvoll gebundener Mini-Kranz ist das i-Tüpfelchen eines selbstgemachten Geschenks. Lassen Sie sich von den Beispielen in diesem Buch und Ihren Bastelutensilien inspirieren.

ANHÄNGER UND ETIKETTEN

Im Schreibwarenhandel finden Sie ein großes Angebot an Anhängern und Etiketten in allen Farben, selbstklebend oder zum Anbinden ... Individueller sind natürlich selbstgestaltete Anhänger und Etiketten. Machen Sie sich's einfach und kopieren Sie eine der vielen Vorlagen im Buch (→ Seite 136/137), die Sie zusätzlich farblich gestalten und teilweise auch beschriften können.

Papier, Steine, Tonscherben

Legen Sie sich im Lauf der Zeit einen Vorrat an stabilem Papier zu – in diversen Farben und Strukturen, liniert oder kariert, aber auch »Fundstücke« wie Postkarten oder Werbematerialien. Schneiden Sie daraus den Anhänger oder das Etikett in der gewünschten Größe zu. Einen hübschen Effekt erzielen Sie, wenn Sie dafür eine Motivschere verwenden. Für Anhänger lochen Sie eine Seite in der Mitte und schrägen die Ecken rechts und links davon etwas ab. Damit der Anhänger beim Transport nicht abreißt, kleben Sie Lochverstärker auf, neutral in Weiß oder bunt. Etiketten kleben Sie mit Klebestift oder Sprühkleber auf. Übrigens: Etiketten müssen nicht immer aus Papier sein, auch flache Steine oder Tonscherben eignen sich.

Kreativ gestaltet

~ Wenig Aufwand, große Wirkung: Drucken Sie Ihr schönstes Stimmungsfoto aus, schneiden Sie es zu und kleben Sie es aufs Papier.
~ Ganz romantisch: zarte Spitzenbändchen aus Baumwolle oder Tortenspitze aus Papier zuschneiden und mit Klebestift aufkleben.
~ Für Naturfreunde: gepresste Blüten und Blätter (→ Seite 71) mit Tapetenkleister (→ Seite 15) auf geschöpftes Papier kleben.
~ Zum Nachmachen: Schreiben oder kopieren Sie das Rezept Ihrer selbstgemachten Köstlichkeit auf Papier, rollen Sie es zusammen und binden Sie es an das Glas oder den Kuchen.

Beschriftungsideen

Edel mit Tinte, rustikal mit weichem Bleistift, kunterbunt mit Holz- und Faserstiften oder modern mit Computer und Drucker – schreiben Sie, womit Sie wollen! Oder beschriften Sie Ihre Etiketten und Anhänger mal ganz anders:

~ Collagen: Schneiden Sie Buchstaben oder Wörter aus Zeitungen, Broschüren, Verpackungen aus und kleben Sie sie mit Klebestift auf.
~ Buchstabenstempel: Setzen Sie Ihren Text aus einzelnen Buchstaben zusammen: Es gibt Stempelsets in diversen Typos und Stempelkissen in allen Farben zu kaufen.
~ Moosgummistempel: Schneiden Sie Motive aus Moosgummiplatten aus, mit Dispersionsfarbe bestreichen und aufdrucken – auf Papier, Karton oder auch mal auf Steine oder Metall.

HÜBSCH BEKRÄNZT

Ein Anhänger ohne Worte und gleichzeitig eine länger haltbare Naturdeko für Gläser und Flaschen sind kleine Kräuterkränze. Nehmen Sie dazu 2 – 3 Rosmarin- oder Thymianzweige bzw. Lavendelstiele und umwickeln Sie sie straff mit Silberdraht. Formen Sie den Strang zu einem Ring und fixieren Sie ihn mit Draht. Hängen Sie die Kränze mit Bändern an Flaschen oder Gläser.

Zu schön zum Auspacken!

Geben Sie Ihren liebevoll kreierten Geschenken das Outfit, das sie verdienen! Eine hübsch gestaltete Deckelhaube für Gläser, selbst bedrucktes Geschenkpapier oder eine Umhüllung aus Blättern machen aus Ihrem Geschenk ein Highlight.

UNTER DIE HAUBE GEBRACHT

Marmelade, Chutneys, Senf oder Gewürze im Glas sind einfach schön anzuschauen. Es wäre viel zu schade, diese Kostbarkeiten unter Papier zu verstecken! Doch Schraubglasdeckel wirken immer ein wenig nüchtern. Peppen Sie sie deshalb mit Deckelhauben auf. Für kleine Deckel nehmen Sie, wenn's ganz schnell gehen soll, einfach bunte Papier-Muffinförmchen und befestigen sie mit einer Schnur. Oder Sie schneiden aus Stoff oder hübschem Papier Kreise oder Quadrate aus (4 – 6 cm größer als der Deckeldurchmesser), legen sie um die Deckel und fixieren sie mit hübschen Bändern oder Schnüren. Ein romantischer Hingucker sind Deckelhauben aus Omas Spitzendeckchen. Befestigen Sie sie mit dezenten Textilbändern am Glas. Noch ein paar Blüten- oder Kräuterstiele darunterstecken – fertig!

Reine Handarbeit

Einfarbige Stoffhauben können Sie auch individuell besticken. Zeichnen Sie dazu ein Motiv oder einen Schriftzug mit Bleistift in die Mitte des Stoffkreises und sticken Sie die Konturen mit farbigem Garn nach, indem Sie die Stiche jeweils zur Hälfte überlappen. Arbeiten Sie (als Rechtshänder) beim Sticken von links nach rechts.

Wenn Sie nicht mit Zeichentalent gesegnet sind, können Sie trotzdem hübsche Motive auf Stoff sticken (Vorlagen → Seite 134). Legen Sie Pergamentpapier oder – noch einfacher – wasserlösliche und selbsthaftende Vlieseline auf das gewünschte Motiv und zeichnen Sie die Konturen mit einem dunklen Stift nach. Dann das Papier oder die Vlieseline auf den Stoff legen und den Umriss nachsticken. Das Papier anschließend vorsichtig abreißen. Die Vlieseline können Sie einfach in kaltem Wasser auswaschen, sie löst sich rückstandsfrei auf.

IN PAPIER GEHÜLLT

Selbst gestaltetes Geschenkpapier ist eine ganz besondere Kostbarkeit! Probieren Sie die folgenden Varianten auf unifarbenem Papier aus:

- Motivstempel: Fertigen Sie Stempel aus Gemüse oder Obst. Dafür Karotten, Rote Bete, Äpfel oder Birnen halbieren, die Schnittflächen trocken tupfen, mit Wasserfarben bestreichen und das Gemüse oder Obst auf Papier drücken.
- Blätter- und Blütenschraffuren: Verteilen Sie Blätter und Blüten auf der Arbeitsfläche. Das Papier darauflegen und mit weichen Holzstiften oder Wachskreiden direkt über den Blättern schraffieren. So kommen Blattränder, Blattadern und Blüten zum Vorschein.
- Nähte: Nähen Sie mit der Nähmaschine und buntem Faden in geraden Stichen grafische Muster. Wählen Sie dafür Stiche mit mindestens 3 – 5 mm Länge. Bei zu kurzen Stichen reißt das Papier ein.

UNTER BLÄTTERN VERSTECKT

Verpacken Sie kleine Geschenke doch mal in Blätter – großes Hallo ist Ihnen gewiss! Geeignet sind dafür weiche, große Blätter, z. B. von Frauenmantel oder Wollziest. Die Kleinigkeiten in die Blätter einschlagen und die grüne Umhüllung mit bunten Bändern oder Bast fixieren. Schnüren Sie dabei nicht zu straff, denn die zarten Blätter reißen leicht ein.

Johannis beere

MY
BEST
FRIEND

Hübsch eingetütet

Schöne Kartons und Henkeltüten aus feinem Papier gibt es zuhauf in den Geschäften. Doch warum kaufen? Es ist überhaupt kein Hexenwerk, sie selbst zu machen! Probieren Sie es nach den folgenden Anleitungen einfach mal aus.

BUNTE GESCHENKKARTONS

Alles, was Sie für einen hübschen Geschenkkarton brauchen, sind eine Schachtel in der gewünschten Größe, schönes Papier, Tapetenkleister, Borstenpinsel, Bleistift, Lineal und Schere. Messen Sie alle Seiten der Schachtel aus und übertragen Sie die Maße auf Papier. Zeichnen Sie dafür zuerst die Grundfläche auf und dann an den vier Seiten jeweils die Seitenflächen des Kartons – so als hätten Sie die Seiten nach unten geklappt. Zeichnen Sie dieses Quadernetz ein zweites Mal auf das Papier, damit Sie die Schachtel außen und innen bekleben können.

Rechnen Sie beim Papier für die Außenseiten an den Oberkanten jeweils 2 cm dazu, damit Sie es um die Kanten legen können. Schneiden Sie die Quadernetze aus. Bestreichen Sie die Schachtel außen und 2 cm der Innenseiten am oberen Rand gleichmäßig mit Tapetenkleister. Setzen Sie die Schachtel auf das Papier und ziehen Sie dieses an den Seiten straff nach oben. Klappen Sie das Papier oben nach innen und drücken Sie es gut an. Dann streichen Sie die Schachtel innen mit Kleister ein und kleiden sie mit dem kleineren Papierstück aus. Den Deckel bekleben Sie auf die gleiche Weise.

TÜTEN KLEBEN

Für eine Geschenktüte mit einer Grundfläche von 4 × 9 cm benötigen Sie 1 Bogen stabiles DIN-A4-Papier (z. B. Tonpapier), Bleistift, Lineal, Schere, Alleskleber und einen Kartonstreifen (4 × 9 cm).

Und so geht's: Legen Sie das Papier quer vor sich auf die Arbeitsfläche. Zeichnen Sie parallel zur oberen Längsseite mit Bleistift zwei Linien im Abstand von 1,5 und 3 cm – das gibt den oberen Tütenrand. Parallel zur unteren Längsseite ziehen Sie eine Linie in 4 cm Abstand – das wird der Tütenboden. Jetzt zeichnen Sie parallel zu den Schmalseiten von links nach rechts 6 Linien – nach 2, 4, 13, 15, 17, 26 und 28 cm.

Für den Boden schneiden Sie an der unteren Längsseite schmale Keile (ca. 1 cm breit) vom Blattrand bis zur 4-cm-Linie, und zwar um die senkrechten Linien bei 4, 13, 17 und 26 cm. Schneiden Sie die Fläche in der rechten unteren Ecke bis zur 4-cm-Linie komplett weg.

Jetzt wird die Tüte gefaltet: Klappen Sie die obere Längsseite zweimal an den Linien nach unten. Falten Sie den Boden an der 4-cm-Linie nach oben. Dann falten Sie die linke Schmalseite an der zweiten Linie (nach 4 cm) nach rechts und dann wieder 2 cm nach links (an der ersten Linie). An der nächsten senkrechten Linie (nach 13 cm) klappen Sie das Papier von rechts nach links, an der nächsten Linie wieder 2 cm nach rechts, an den nächsten beiden Linien nach links und an der letzten wieder nach rechts. Jetzt brauchen Sie das Faltwerk nur noch zusammenzukleben. Dafür die Bodenflächen und die Klebelasche (der 3,5-cm-Streifen rechts) jeweils mit Alleskleber bestreichen und zuerst die Boden-, dann die Seitenlaschen übereinanderkleben. Das Kartonstück innen auf den Boden drücken.

Für die Henkel lochen Sie den Rand, bekleben ihn mit Lochverstärkern und fädeln Schnur, Bänder oder Bast durch – an den Innenseiten verknoten, fertig! Oder Sie verzichten auf Henkel, fädeln einfach Band oder Schnur durch die Löcher und verschließen die Tüte mit einer Schlaufe.

VORLAGEN

Diese Vorlagen finden Sie auch zum Herunterladen und Ausdrucken unter www.gu.de / geschenke-garten

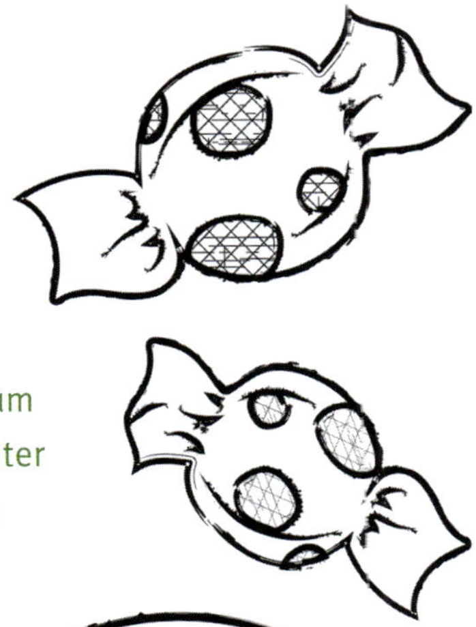

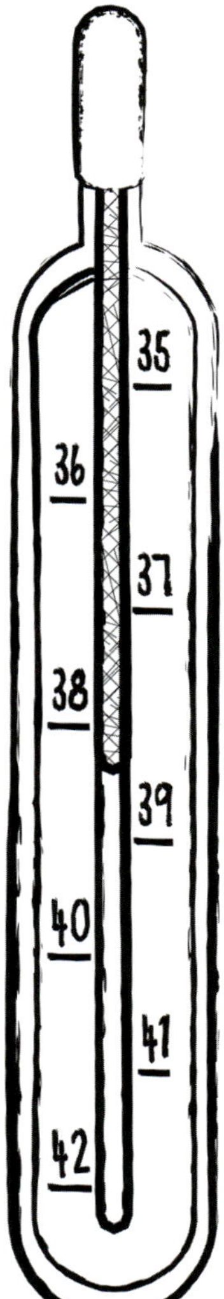

Chocolate
Truffles

KETCHUP
1.
800 G
300 G
WASCHEN
+
ABTROPFEN
LASSEN
2.
TOMATEN + APRIKOSEN
WÜRFELN
KNOBLAUCH + CHILI
FEIN WÜRFELN
3.
2 EL ÖL
SUGAR 70G
5 EL
MARK
ALLE ZUTATEN
AUFKOCHEN
CA. 25 MIN.
EINKOCHEN
4.
DURCH EIN FEINES
SIEB PASSIEREN
AUFKOCHEN
KRÄFTIG WÜRZEN
BRÜHE
SALZ PFEFFER
BASILIKUM
GETROCKNET

Mmhhmm, lecker!
FOR YOU
FROM ME TO YOU
thank you!
Dankeschön!
Für dich!
Gute Besserung!
TEA TIME
Weihnachtspost
Happy Birthday
FROHES FEST
CHUTNEY
NASCHWERK

HOMEMADE
ZUM WOHL!
KLEINER GRUSS
SOMMERAROMA
VON
FÜR
VON:
FÜR:
HAUSGEMACHT
Ostergruß
TOMATENLIEBE

ÜBERSICHT ÜBER ALLE GESCHENKIDEEN

S. 18 Bunter Frühlingsstrauß

S. 21 Gesichts-Kräuter-Peeling

S. 22 Osternest aus Reisig und Moos

S. 24 Oster-Kräuterkekse mit Dip

S. 26 Feinfruchtiger Rhabarbersirup

S. 28 Garten-Starter-Kit

S. 31 Ostereier in Naturfarben

S. 32 Erdbeerherz zum Muttertag

S. 37 Gute-Laune-Tee

S. 38 Kräuterwürziges Bärlauchpesto

S. 40 Hornveilchen in Dosen

S. 44 Feiner Himbeeressig

S. 46 Sommerliches Gesteck

S. 48 Zucchini-Ananas-Relish

S. 50 Edle Rosentrüffel

S. 53 Tomatenpflanze mit Rezept

S. 54 Scharfer Tomatenketchup

S. 57 Ringelblumensalbe

S. 60 Fruchtiger Sauerkirschlikör

S. 62 Aprikosen-Melonen-Marmelade

S. 64 Windlichter mit Henkel

S. 67 Pfeffriges Beeren-Chutney

S. 68 Johannisbeer-Muffins

S. 71 Romantisches Blüten-Memory

S. 74 Belebende Badeblüten

S. 76 Wilder Physaliskranz

S. 79 Goldgelber Kürbis-gugelhupf

S. 80 Knuspriges Apfelmüsli

S. 82 Rotwein-Orangen-Schalotten

S. 84 Herbststrauß mit Bestnoten

S. 87 Brombeer-Rotwein-Gelee

S. 90 Würziger Quittensenf

S. 92 Immergrünes Hortensienherz

S. 95 Zwetschgenschnecken

S. 96 Fruchtige Sanddornbonbons

S. 98 Omas Zwetschgenmus

S. 102 Adventspost für die Familie

S. 105 Süße und pikante Nüsse

S. 106 Fitness-Massageöl

S. 108 Klassischer Eiben-Türkranz

S. 113 Erkältungsölbad mit Thymian

S. 115 Goldene Ahornblätter

S. 116 Bratapfellikör mit Marzipan

S. 118 Feines Rote-Bete-Relish

S. 121 Schokoladige Maronen-Trüffel

S. 122 Herzhaftes Suppengewürz

S. 125 Weihnachtstee mit Apfel

- kulinarische Geschenke
- pflegende Geschenke
- kreative Geschenke

REGISTER

A/B/C

Adventspost für die Familie 102
Ananas: Zucchini-Ananas-Relish 48
Anhänger 67, 98, 106, 113, 116, 118, 125, **129**
Apfelmüsli 80
Aprikosen-Melonen-Marmelade 62
Badeblüten 74
Bärlauchpesto 38
Beeren-Chutney 67
Blüten-Memory 71
Blüten pressen 71
Bratapfellikör mit Marzipan 116
Brombeer-Rotwein-Gelee 87
Buchstabenstempel 15, 118, 129
Chutney: Beeren-Chutney 67

D/E

Deckelhauben: 38, 48, 62, 76, 90, 118, **130**
Eiben-Türkranz 108
Erdbeerherz zum Muttertag 32
Erkältungsölbad mit Thymian 113
Essig: Himbeeressig 44
Etiketten 40, 44, 54, 60, 80, 87, 95, 96, 98, 125, **129**

F/G

Fitness-Massageöl 106
Frühlingsstrauß 18
Garten-Starter-Kit 28
Gelee: Brombeer-Rotwein-Gelee 87
Geschenkkartons 133
Geschenkpapier 130
Gesichts-Kräuter-Peeling 21
Gesteck 46
Gläser sterilisieren 13
Goldene Ahornblätter 115
Gute-Laune-Tee 37

H/J

Hagebutten: Weihnachtstee mit Apfel 125
Haselnüsse: Johannisbeer-Muffins 68
Heißklebepistole 15
Henkeltüten 133
Herbststrauß mit Bestnoten 84
Himbeeressig 44
Hornveilchen in Dosen 40
Hortensienherz 92
Johannisbeer-Muffins 68

K/L

Kekse: Oster-Kräuterkekse mit Dip 24
Ketchup: Tomatenketchup 54
Kräuter-Peeling 21
Kürbisgugelhupf 79
Likör: Sauerkirschlikör 60

M/N

Maronen-Trüffel 121
Massageöl: Fitness-Massageöl 106
Melonen: Aprikosen-Melonen-Marmelade 62
Memory: Blüten-Memory 71
Moosgummistempel 129
Muffins: Johannisbeer-Muffins 68
Müsli: Knuspriges Apfelmüsli 80
Nüsse: Süße und pikante Nüsse 105

O/P/Q

Oster-Kräuterkekse mit Dip 24
Ostereier in Naturfarben 31
Osternest aus Reisig und Moos 22
Papiertüten 21, 133
Peeling: Gesichts-Kräuter-Peeling 21
Pesto: Bärlauchpesto 38
Physaliskranz 76
Quittensenf 90

R/S

Relish: Rote-Bete-Relish 118
Rhabarbersirup 26
Ringelblumensalbe 57
Rosentrüffel 50
Rote-Bete-Relish 118
Rotwein-Orangen-Schalotten 82
Salbe: Ringelblumensalbe 57
Sanddornbonbons 96
Sauerkirschlikör 60
Schachteln 74, 105, 125, **133**
Schalotten: Rotwein-Orangen-Schalotten 82
Schnittblumenpflege 84 (Tipp)
Senf: Quittensenf 90
Sirup: Rhabarbersirup 26
Sommerliches Gesteck 46
Steckschwamm 46 (Tipp)
Stempel 15, 40, 80
Suppengewürz 122

T/W/Z

Tomatenketchup 54
Tomatenpflanze mit Rezept 53
Trüffel
Maronen-Trüffel 121
Rosentrüffel 50
Türkranz: Eiben-Türkranz 108
Weihnachtstee mit Apfel 125
Windlichter mit Henkel 64
Zucchini-Ananas-Relish 48
Zwetschgenmus 98
Zwetschgenschnecken 95

ADRESSEN UND BEZUGSQUELLEN

Staudengärtnerei Dieter Gaißmayer
Jungviehweide 3
89257 Illertissen
www.gaissmayer.de
Riesige Auswahl an Stauden und Kräutern, Pflanzenversand

Blumenzwiebelversand Bernd Schober
Stätzlinger Str. 94a
86165 Augsburg
www.der-blumenzwiebelversand.de
Große Auswahl an Blumenzwiebeln

Geliebtes Zuhause
Robert-Bosch-Str. 18
63584 Gründau-Lieblos
www.geliebtes-zuhause.de
Schönes für Haus und Garten

Nostalgie im Kinderzimmer
www.nostalgieimkinderzimmer.de
Wohnaccessoires, Dekoobjekte

Bottles & Glashaus
Josephspitalstr. 1
80331 München
www.bottles.de
Gläser und Flaschen in allen Varianten

www.glaeserundflaschen.de
Gläser, Flaschen, Verschlüsse, Etiketten, Körbe

www.boesner.com
Papiere aus aller Welt, Stifte, Stempel, Aufkleber, Masking-Tapes

Kirsch Interior
Rodelweg 7
82067 Ebenhausen
www.kirsch-interior.de
Papeterie, Tüten, Etiketten, Bänder, Körbe

www.dawanda.de
Online-Marktplatz für Selbstgemachtes von Designern und Kreativen; auch Etiketten, Stoffe, Masking-Tapes etc.

Frau Tulpe – Stoffe und Accessoires
Veteranenstr. 19
10119 Berlin
www.frautulpe.de
Außergewöhnliche Stoffe und alles rund ums Nähen

IMPRESSUM

DIE AUTORIN

Maria Gilg ist gelernte Floristin. Als freie Stylistin in den Bereichen Food und Still Life setzt sie Blumen, Kulinarisches und Accessoires in Szene. Ihre Liebe zur Natur und ihre Leidenschaft zum Selbermachen vereint sie zu kreativen Ideen. Mit viel Gespür für Ästhetik präsentiert sie in diesem Buch Rezepte und Bastelanleitungen, die sie zudem liebevoll verpackt und so in ganz besondere Geschenke verwandelt.

DER FOTOGRAF

Alexander Walter ist seit über 20 Jahren selbstständiger Fotograf. Im Auftrag renommierter Verlage und internationaler Agenturen arbeitet er vor allem in den Bereichen Food, Still Life, People, Reportage und Industrie. Der leidenschaftliche Hobbykoch war bereits bei über 60 Kochbüchern für die optische Umsetzung des Konzepts verantwortlich. Er lebt und arbeitet mitten im Grünen, im bayerischen Alpenvorland im Raum München.

www.alexander-walter.com

Projektleitung: Vanessa Lotz
Redaktionelle Mitarbeit:
Sigrid Burghard, Maria Hellstern
Lektorat: Gertrud Köhn
Umschlaggestaltung und Layout:
independent Medien-Design, Horst Moser, München
Satz: Gertrud Köhn
Herstellung: Petra Roth
Repro: medienprinzen GmbH, München
Druck & Bindung: Firmengruppe APPL, Wemding
Printed in Germany

UMWELTHINWEIS

Dieses Buch ist auf PEFC-zertifiziertem Papier aus nachhaltiger Waldwirtschaft gedruckt.

BILDNACHWEIS

Alle Fotos stammen von Alexander Walter, mit Ausnahme von:
S. 110/111: Flora-Press; S. 98: Stockfood; S. 8/9, 34/35, 58/59, 88/89, 120: Stocksy
Cover: Team Wohlgeschaffen
Illustrationen S. 134–137: Maria Gilg/Matias Kovacic (7mp.de)

SYNDICATION

www.jalag-syndication.de
ISBN 978-3-8338-3697-8
1. Auflage 2015

www.facebook.com/gu.verlag

QUALITÄTS G|U GARANTIE

Liebe Leserin, lieber Leser,

haben wir Ihre Erwartungen erfüllt? Sind Sie mit diesem Buch zufrieden? Haben Sie weitere Fragen zu diesem Thema? Wir freuen uns auf Ihre Rückmeldung, auf Lob, Kritik und Anregungen, damit wir für Sie immer besser werden können.

GRÄFE UND UNZER Verlag
Leserservice
Postfach 86 03 13
81630 München
E-Mail:
leserservice@graefe-und-unzer.de

Telefon: 00800 / 72 37 33 33*
Telefax: 00800 / 50 12 05 44*
Mo–Do: 8.00–18.00 Uhr
Fr: 8.00–16.00 Uhr
(gebührenfrei in D, A, CH)*

Ihr GRÄFE UND UNZER Verlag
Der erste Ratgeberverlag – seit 1722.

GRÄFE UND UNZER

Ein Unternehmen der
GANSKE VERLAGSGRUPPE